谨以此书献给
我的家人与在天上的大姐

陈鸿彬—著

你为何成了父母的翻版

天 地 出 版 社 | TIANDI PRESS

图书在版编目（CIP）数据

你为何成了父母的翻版 / 陈鸿彬著 . —成都：天地出版社，
2018.6
ISBN 978-7-5455-3455-9

Ⅰ . ①你… Ⅱ . ①陈… Ⅲ . ①家庭教育 Ⅳ . ① G78

中国版本图书馆 CIP 数据核字（2017）第 312988 号

本书通过四川一览文化传播广告有限公司代理，经台湾宝瓶文化事业股份有限
公司授权出版中文简体字版本。非经书面同意，不得以任何形式任意重制、转载。

著作权登记号 图字：21–2017–412

你为何成了父母的翻版
NI WEI HE CHENG LE FUMU DE FANBAN

出 品 人	杨 政
著 者	陈鸿彬
责任编辑	陈素然　欧阳秀娟
封面设计	今亮后声 HOPESOUND·胡振宇
电脑制作	今亮后声 HOPESOUND
责任印制	葛红梅

出版发行	天地出版社
	（成都市槐树街2号　邮政编码：610014）
网 址	http://www.tiandiph.com
	http://www.天地出版社.com
电子邮箱	tiandicbs@vip.163.com
经 销	新华文轩出版传媒股份有限公司

印 刷	天津文林印务有限公司
版 次	2018年6月第1版
印 次	2018年6月第1次印刷
成品尺寸	145mm×210mm　1/32
印 张	9
字 数	150千字
定 价	45.00元
书 号	ISBN 978-7-5455-3455-9

在爱的疗愈中找到回家的路

卓翠玲 | 咨询心理师公会台湾联合会卫生医疗事务委员会召集人、
彰化县少年辅导委员会主任督导

    看着书的前言，我已潸然泪下，是难过、是感动、是心疼、
是满满的赞佩，也是内在深处的情感被触动着的真情流露。那文
字的魔力是踏实前进的汗水与泪水堆砌而来的，那触动人心的故
事是炙热真诚的心与心的靠近所共构出的生命经验。没有真真实
实地苦过、痛过，堆砌不出这样触动人心的文字；没有彻彻底底
地爱过、付出过，建构不出这样牵动着内在情感的故事。

    认识鸿彬近二十年，知道他的一些生命故事，也时常在网络
上阅读他写的文章，再一次看着书本里的故事时，我依然深深地
被触动，一个故事接着一个故事读下去，舍不得停下，却也在每
个故事的结束时，不得不暂时停下来、深呼吸一口气，让被触动
的情绪在流动后回到大脑去省思与统整一番。每一个故事都是一
次与自我内在的连接及情绪的再体验，每篇故事后的疗心练习都

是一次自我疗愈与自我赋能。这儿的故事不只是故事，有可能是你我曾经的痛，有可能是发生在你我身边的真实，然而借由浸沁在故事中的情绪流动及自我疗心，我们得以在自我滋养中，重新做回自己，找到前进的力量，甚至能给出丰厚的爱，建构出更美好的关系。

长期从事助人工作，长期面对一个个受挫的心灵，我深深知道"家庭会伤人"。然而，看着一个个受挫的心灵在滋养的关系中学会重新养育自己，找到了面对困境的勇气与方法，我也深信"没有过不去的难关"。只要在爱的关系里滋养，只要找到适当的方式，每一个受挫的心灵都可以得到养分，好好地长大，有力量面对生活中的挑战，甚至创造出美好。而鸿彬的故事里提供了养分与方法。

身为心理师，我最常服务的场域是医疗单位与监所，一样的受挫、一样的痛苦，却有着极端不一样的呈现方式——进医院的一群伤了自己，进监所的一群伤了别人。病床与铁窗——那儿有着最伤痛、最搅动人心的故事，却也有着最坚毅的复原力量与最不可思议的改变。别人看到的可能是脆弱与凶狠，而我却看到每一个企盼得到爱的心灵。当他们得以在爱的关系里重新获得滋养、重新养育自己，他们往往也学会原谅给不出爱的父母、原谅他人当时的不得不，学会珍惜、学会感恩，学会以自己的力量好好地过生活，甚至学会爱自己与他人。而鸿彬的故事里告诉你如何好好地给出爱。

看到这儿，是不是迫不及待想翻开书本，一睹为快？且慢且慢，再给我几秒钟谈谈作者。有多一点的认识，深信你更能随着作者的笔触，进入故事的精髓里感受与省思。

尽责与超越：名副其实的人小志气高（个儿不高，做事却很有本领）的鸿彬，一个坚毅努力过生活的人，总把每件事做到最好，不让任何人担心，可以很快地放手给他、完全地信任他。大学时代的他曾是我的小助理（部分工时）却能肩负起专职人员的工作。个儿不高、年纪不大的他，做什么像什么（辅导老师、心理师、摄影师、作家……），而且一不小心就会超越众人，站在高峰上。这样的特质，让他在关系中清楚知道界限，努力为当事人谋福祉，也总能在看似平常的对谈中穿透表层去接触一个人的内在。

承担与付出：鸿彬，一个承担了就一肩扛起责任，用心对待别人，认真里有着小幽默，能自娱娱人的人。当年的他只是个大学生，只是个小助理，却总是像个妈妈一样关照、提醒着他的小主管——我，要按时吃饭，很尽责地打点着彰化张老师中心的事务，年轻的身躯中藏着超龄的古老灵魂。身为志工督导时，我最爱看他的记录，总是那么细腻、真实而有趣，严谨中带着风趣的文字，让人看了不禁会心一笑。这样的特性，让他身边的人总能感受到被照顾的温暖，也总能在他的小幽默里谈笑风生，以一个新的状态、新的视角重新去看待困境、看待自己，仿佛他能帮你一起扛着生命中的重担，而你因此学会轻松走人生路。

　　我深信，身为他的家人，是幸福的。身为他的朋友，是幸福的。身为他的学生，是幸福的。身为他的个案，是幸福的。当然，身为他的读者或是粉丝，也是幸福的，是不？

尊重与接纳
铺成回家的一条路

郭丽安 | 彰化师范大学辅导与咨询学系教授、台湾女性学学会
理事长

　　长成自己想要的样子从来就不是件容易的事，尤其是台湾家庭养育出来的孩子。

　　十几年前，我跑到大学部，教大四学生如何做家族治疗。选修的学生很多，多到快要溢出教室，最终我放弃了要能叫出每个学生的名字这件事。但有个总坐在第一排的男生，很快就让我记住了他眯眯笑的腼腆模样。由于班上学生太多，许多需要发给全班的补充阅读数据，我便指定这个腼腆男生来当我的分发帮手。

　　不久之后，由于帮手做得十分尽力，不仅未曾弄丢过一份教材，且总是笑脸迎人，我便给了他一个叫作"我的小厮"的绰号，至此，确认我们师生十多年的互动模式："我的小厮"对于我交付之任务，总会全力以赴。而小厮希望老师做的事，老师也从未拒绝，包括十年后，他回来念研究所，我一口就答应当他的"老

板"，指导他的硕士论文。师生过去多年的互动，"我的小厮"真的催生出了"小厮的老板"的对应角色。

"小厮"与"老板"的角色，理应威权僵化，可我们很小心地维持了弹性可渗透的界线，因为我们都知道，我们对自己应有的样子的坚持，不容侵犯。鸿彬大学毕业后，去流浪，拒绝已然摆在面前的当老师一条路。虽然我所任教的系四年来都在培养他担任一位专业的辅导老师，但他告诉我这件在众人眼光中"浪费社会教育资源"的事时，我没摆出老板的样子，我说好喔；流浪过后，他回到教育领域工作，周末假日，拎着相机帮朋友拍婚礼，常与我分享他在镜头底下观察到的新人的家庭系统，我说很精彩喔。有一天，他说他要来念研究所了，想研究台湾的家庭在婚礼准备过程中所展现的样貌，我说好喔。他接着说：那你愿意指导我吗？我说：这是我的荣幸。

当年在系上总是成绩殿后的"我的小厮"，硕士论文一写写了很久很久，断断续续似乎没个尽头。我没催他，只想分享、确知他每个阶段坚持的样子是他要的。

鸿彬终于写完了一本硕士论文。除了学术结构完整外，还表现了强大的驾驭文字的能力。我心中知道，有这种文思，一旦受到启发，下个阶段的鸿彬，理应要当作家去了。

是的，鸿彬出书了。他用家庭系统的概念，辅以专业的辅导训练，加上细腻敏感的心思，以及流畅的文笔，告诉我们一个又一个挣扎于家庭期望与长成自己样子间的拔河的故事。当他用简讯问我，能不能帮这本有趣又有意思的书写序时，我除了说好喔，也加上一句：这是我的荣幸。

每个青少年的重要他人，尤其是父母，给出接纳与肯定，再加上一些耐心，我们便能接近与影响孩子；而能与孩子亲近，才是当父母的最大回报。鸿彬的这本书，对于我们如何与家人接近，给了上述精准的答案。

孩子，你受的伤，有人懂

苏绚慧 | 咨询心理师、作家

家，是我们来到这世界的第一站，我们在这里接受照顾，也接受影响。许多时候，家，成了我们一生无法卸下的包袱，成为我们一生必须要承载的负荷，却也是我们内心最牵挂，也最在乎的地方。

那些负荷及牵挂，许多时候是有形的，也许是经济的负荷，也许是必须背负照顾责任的牵挂。但还有许多的负荷及牵挂，是无形的，关于情感上的；不论是期望与失望、要求与亏欠、情绪压力与承受……而那些情感上的负荷及牵挂，总是那么容易让我们产生自责和罪恶感，分不清究竟是我的失责，还是你的失能；是我的自私，还是你的依赖及控制。

家，一直是我们人际关系纷纷扰扰，备受痛苦煎熬的最源头之地。我们受家影响及塑造，无人能幸免，也无人能摆脱。

我们当然希望"家"及"父母"会是我们来到这世界，经验到爱及温暖的永恒安全堡垒，让我们在外不管经历到什么风雨打击，都有一个安全安稳的归处，容我们疗伤、容我们修复。然而，若是这个家，并不安全，且带给了孩子最大的伤害、最猛烈的攻击，及最深的拒绝……那么，这个孩子，在这个世界上，要怎么确保自己可以安心地长大？无条件就值得存在？

当我接到小彬老师的邀请，为他的新书推荐，我认真地阅读他写下的文字，还有他所说出的故事，感觉到他对孩子有很深的情感，也对家有很深的理解。我相信，有非常大的原因，是因为小彬老师是一位很用心在凝视自己生命的人（他自己生命的故事，尤其让我动容）。关于那些说得出的情感，还是压抑在内心深处，无法松口说出的情感，都有着他真诚坦白的凝视，也细细地觉察辨识什么样的文化及世代影响，交织出我们的一言一行。

其实，家庭、父母、亲子，是生命的永恒课题。没有理想的父母，自然也没有理想的家庭，但我们并不需要追逐梦幻般的理想，我们只需要从家庭经验中，感受到爱与被爱，能够真实地成为自己，也相信自己能被理解、被接纳、被成全、被祝福。

但或许，这就是最难的；能在身为一家人的命运中，懂得善待和彼此扶持的真谛。毕竟，父母都带着各自生命深沉的伤口，长大、结合、共组家庭，在建立属于自己的家庭后，都想透过这新成立的家，满足自己过去巨大的失落和痛楚；无论那是来自羞愧、贫穷、自卑、轻视、失去、无助，还是沮丧的生命经验。在完全无觉知的情况下，就抛扔给孩子，要孩子补偿、背负、取代、提供、满足，或是成就。

孩子，因此没有了自己的人生。

也可能一直失去机会，表达出内在真实的感受，真心想要实现的人生。

然而，如果你是一直处于自觉"失去自己人生"许久的孩子，你知道自己仍渴望拥有一个真心实意的人生，真正地拥有完整的自己，不再活在道德框架中、活在自责罪恶感中，或是活在麻木远离感受中，那么，给自己一个机会，让自己受过的伤，能够被懂……

这本书，就是一本能让你受的伤，能够被懂的书。懂你在原生家庭的为难和挣扎，和满腹不可表达的辛酸和委屈，还有懂你心中想要真实的靠近爱和经历爱的渴望。

[目录]

第二章
原生家庭的伤害，像生命里的黑洞……

第三章

长大后的我们，其实有能力把自己爱回来

穿越死亡，重拾"拥抱"的温度

从我有记忆以来，我不曾拥抱过我的父亲。

甚至，我跟母亲之间，也仅仅一次。

在原生家庭里，孩子表达亲密情感的方式，深受父母与家庭教育的影响。只是，即使明白这与我父母自身不习惯与孩子有太多肢体接触有关，心里仍不免感到遗憾。而我，也自然而然长成典型华人文化下的男性模样：坚毅、刚强、不习惯分享、不太感受自己的情绪，甚至在成年之后有长达六年的时间，没掉过半滴眼泪。

在生命的殿堂里，从头开始学习陪伴

多年前，外公以九十二岁的高龄辞世。外婆在我母亲刚出生没多久，知道吃、喝、嫖、赌样样来的外公没法给孩子们一个安定的家，所以将所有小孩往南部送，分别寻找愿意暂时寄养的家庭。

包括我母亲也是，被送到云林一个靠海的乡下，并且在那里认识了我的父亲。原以为母亲会因此对原生家庭少点依恋，但长大后的母亲，回到台北的家，面对逐渐年迈的外公、外婆，却也不见生疏。孝顺的她，对寄养家庭、原生家庭的父母，皆竭尽所能地照顾。

她总自豪地对我们说：我，有两个娘家。因为她能理解：当年，她的母亲何以会下这么艰难的决定。她没有选择责怪任何人。只有在外公告别式的那一天，我们一起步行在石牌捷运站附近街道时，用手指了一整排的房子，转过头来看着我，悠悠地说：你知道吗？这一大片土地，以前全是你外公他们家的。

母子俩相视而笑。那是种会心的笑。她这辈子总担心留太少给我，怕我这个独子以后还要养他们，会太辛苦。

在我看来，她绝对有资格选择怨怼，但她没有。即便面对他的父亲，想着当年若非因为他，无须在极年幼的时候被迫远走他乡、备极辛苦，如此纠结与矛盾的情绪，她依旧选择"放下"。

"孝顺"这件事，她看似什么都没教，却也什么都教了。

参加外公告别式那一天，我们选择彻头彻尾地陪他走完最后一程，直至金山上的塔位定位为止。我的注意力不在我自己的悲伤，而是在我母亲，一个辛苦了大半辈子，却陆续遭逢失去至亲伤痛的女性。

她的哀恸逾恒，我全看在眼里。学了咨询辅导十几年，上一次遭逢至亲过世时，我却还不懂得怎么"陪伴"；不知道怎么接触别人，也不敢接触。一个连自己都不太接触的人，哪懂得什么叫作陪伴？所以，我从学习"接触自己"开始，从头学习"陪伴"。

于是乎，当我有足够准备，抱住我那再度哀伤到昏厥的母亲时，我突然发现：从我有记忆以来，我已经不曾跟我娘如此贴近。

"陪伴"这门功课，在庄严的生命殿堂前，感受母亲的体温里，我终于稍稍懂了。

至于我的父亲，在我的记忆里，不只没有父子拥抱的画面，连他哭泣的画面，也仅仅出现过一次。那是在他的大女婿前来娘家报丧时。

意志如钢铁般的父亲，眼泪只为女儿溃堤

当年（在外公过世前几年），他的大女儿，也是我的大姐，

走得匆忙。

大姐的角色，在我家中的重要性，等同于"替代父母"。当父母为清偿庞大债务，扶养我们五个小孩长大，每天凌晨四点多摸黑出门进工厂，近深夜十点送完货返家（我们醒着的时候几乎是见不到他们的），大姐一肩扛起教养的责任，每天像母鸡带小鸭一样，打理我们所有的一切，从早上睁开眼睛，直到睡觉闭上眼。

初中毕业，自愿提早进入职场帮忙家中经济的她，我们这些弟、妹没人敢顶撞。

只是，这个替代父母，不过才大我四岁。

上大学后，我第一次认识"亲职化"这个词，那瞬间，眼泪差点掉下来。

大姐结婚后，因夫妻俩工作地点离娘家近，加上家中尚有空房，所以住在家里。对我而言，他们婚后家中不只没少掉一个成员，还多了一个很懂得"爱屋及乌"的姐夫。

殷殷期盼了两年，终于盼得怀孕消息。因害喜严重，在姐夫强迫下，她辞掉了工作，在家专心静养。

那天，她感觉身体微微不适，由于姐夫还在上班，爸妈因着突来的大雨在抢收作物，体贴如她，只简单地带着证件、拎着一件薄外套，只身前往医院。

连同她自己在内，所有人都以为：那只是害喜的症状之一，应该不打紧。然而，她却从此不曾再"步出"医院。直至十九天后的凌晨子夜，医院通知家属要领回已处在弥留状态的她。而她既嫁为人妇，按闽南习俗，弥留时，回的不能是娘家，该是婆家。

凌晨三点半，急促的电话铃声把我唤醒，电话那头只听得到哭泣声，连是谁的哭泣声我都还没分清楚，就一路飞奔回老家。遗憾的不是无缘见到那还没到世上就已离开的小外甥，而是，连姐姐的最后一面，我都来不及见到，她就走了。

即便是生她的父母，在女婿尚未来报丧讯之前，都还不能前去吊唁他们最疼爱的女儿。家里来了好多好多的人，来陪伴哀恸逾恒的母亲；我陪着强忍悲痛的父亲倚门望，等待姐夫来报丧。不过一个多小时，却是我们父子俩此生以来，最漫长与悲恸的等待。

我想我永远忘不了，姐夫一进家门，双膝跪倒在地时重重敲在地板上的声响。他跪在地上，抱着父亲的大腿，几近崩溃地不断呼喊："爸！对不起、对不起、对不起，我没能照顾好您的女儿！"

那是我第一次看到爸爸号啕大哭，也是唯一的一次。

我们决定不让泪水未曾断过、持续歇斯底里的母亲，去看姐姐。连她的告别式在什么时候，我们都不敢让她知道。

我心中默默地说着：姐，凭我们的默契，我相信你会体谅并理解我们为什么这么做的，不是吗？

而在家里，姐姐的去世，似乎从此成为家里的"禁忌"。没有人再提，也不会有人想提。然而，伤疤不去理它、秘密不提就没事了吗？当然不是。至少，每年她的忌日前夕，母亲仍是偷偷掉泪。

阻隔了眼泪，却阻隔不了哀伤

在那之后，有六年的时间，我不曾掉过任何一滴眼泪。姐姐离开后的哀伤失落情绪，更花了长达十二年，才走完整个历程。

我深知，那与我自己内敛的情绪模式有关，更与我情绪内敛的父母有关。情绪的表达，在我的原生家庭里，是低度流动的。父亲巍峨如山的父爱，从不轻易流露，总是被隐藏得很好，好到有时候让我感受不到温度，只单凭理智上想着"父母应该都是爱自己小孩的，不是吗？所以我父亲应该也是爱我的"。

"父爱的存在"于我而言，向来是用理解的，不是用感受的。

从小，我的父母不曾拥抱过我，我也不曾索求过，因为我以为所有的父爱、母爱都长得跟我家一样，所以视为理所当然。直到自己进入亲密关系里，花了好长一段时间，才对于"拥抱"稍稍感到自在。

熟悉"拥抱"的温度，深切感受到"拥抱"所带来的疗愈力量后，我虽开始爱上了拥抱，却仍一直不敢拥抱我的父母。

直到外公的葬礼上，我第一次透过拥抱，感受母亲的温度。

但，与父亲的第一次，我仍在等待；等待的，不是"时机"，而是等"父亲更加自在"。当自己走过漫长的历程，我更加明白：对一个铁铮铮的汉子来说，在感受到拥抱的温度之前，会先经历"惊吓"与"别扭"的情绪，而后才有机会感受得到"温度"。

长大，给了我们"爱回自己"的力量

我们，不一定都能有机会成为别人的"父母"，但必定都曾是别人的"孩子"，而且"小孩"的角色通常比父母角色更资深。

所有的孩子，生来无不希望能与原生家庭建立既深且厚的关系，令人遗憾的是：幼时我们感受到的不全然都是爱，有时夹杂着更多的伤痛、冷漠与疏离，因为有些父母真的给不起或不知道该怎么给。

但亲爱的：我们都常常忘记我们已经长大，忘了可以通过长大后的自己，陪伴自己走一段疗愈的路，并用自己的力量，善用生命中的资源，把自己爱回来。

而无论你是否在故事里找到你自己的影子，我都想跟你说：你，并不孤单！因为有我们，一起。

第一章

面对父母，
我们都曾经伤痕累累

父母爱我？还是爱我的成绩？

—— 生涯被决定的孩子

这是我第一次参加个案的葬礼，也是至今唯一的一次。

而我，忍不住在心里反复想着：这一场葬礼，是不是有机会可以避免？

浑身是刺的孩子

"是我爸妈要我来的，但我不需要跟人谈，你别白费力气。"初次见面时，他说。活像只刺猬，却也直率而坦白。

"我明白，因为你的语气已经传达出你有多不爽。"我不受影响，倒是他自己听了后忍不住"扑哧"一声笑了出来。

严格说来，他不算是我的个案，更不是我的学生，纯粹只是因为他的父母曾与我在同一个义工单位服务，有些许交情，所以希望我能够与他们正就读高三资优班的儿子谈一谈。至于这对父母的诉求，他们不好意思明讲，但因为已被许多家长请托过，所以我心里大概猜得出来。

"虽然我认识你爸妈，但我不是他们的'打手'，更没有领他们的薪水，所以也无须'效忠'他们。"我喜欢直来直往。

听到"打手""效忠"这些字眼，他笑得更开心了。

"你真的很有趣，跟其他我爸妈找来'辅导我'的人很不一样，够直白。"

"看来，我不只不是第一个'官方代表'，可能连十名内都排不进去？"我们相视而笑。

第一次见面的剩余时间里，就在听他分享"遇到过哪些种类的'官方代表'"中度过。

看着笑逐颜开的他，我知道：他的防卫，放下了。

资优生的原罪

从小到大，不只一路就读资优班，在资优班里更是名列前茅，大家都说他是"准医科生"。这个向来孝顺、听话的孩子，让这对父母很自豪。

但，特别的是：高中二年级以后，他的成绩明显滑落很多。"再这样下去，怎么上得了公立大学医学系？"他父亲忧心地说，母亲则在一旁静默不语。

与这孩子接触几次后，他学习上的天赋以及聪明的模样，都令我印象深刻。我不禁萌生好奇：成绩退步，是他"不为"，还是"不能"？

隔周见面时，我转述了他爸爸的话。"奇怪，为什么成绩好，就一定得念医学系？"他嘲讽地说，嘴角牵动了一下。

"那你爱什么系？"我直接破题。

"生命科学系。"他回答得也利落。

"但我爸妈眼里只有医学系，从来不问我喜欢什么；即使我说过，他们也假装没听到。"

"所以最好的方式，就是让成绩烂到上不了医学系，就可以做自己。"我歪头看着他。

"我果然不能小看你！"他说完，偌大的空间里，留下我们两个人清朗的笑声。

死谏

"学科能力测验"（一种大学入学考试）成绩公告后的隔天，他来找我。

他依旧拿了一个有机会录取私立大学医学系的成绩；照理说，他应该会忧愁于"无法照自己的喜好填志愿"。可是他没有。

"你有什么打算？"我问。

"我还是会照他们的意思填，继续做他们眼中的好孩子。上大学后，再做回自己。"他表情漠然，不带情绪，让我有点不寒而栗。

我依稀感觉到些什么不对劲，问他："你打算怎么做回自己？"

他笑着摇摇头，喃喃地说："你不会想知道的！"

没想到，这也成了我们最后一次的见面。

我约了父母见面。但自从孩子的成绩公告后，他们态度变得冷漠，多次以"忙碌"为由推托见面，直到我下最后通牒，留了讯息给他们："如果你们还想要这个孩子，请主动与我约时间一聊。"

"他现在确定可上得了医学系，虽然不是公立的，我们不甚满意，但尚可接受。所以我想应该是没什么问题了吧！"一见面时，父亲劈头就说。

"当然，如果你们所谓的没问题，是指'上医学系没问题'，那的确是。"

我看了一下这对父母，深呼吸了一口气，缓缓地把每个字说清楚："但他的情绪状态，可能会有不小的波动，甚至有自我伤害的风险。请你们务必多关心他的感受与生活，了解孩子想要什么。因为比起成绩，这件事更令我不安。"

"老师，你多虑了！我太了解这孩子了，这种事不可能发生在他身上。"父亲笑着说。感觉笑里还带点"大惊小怪"的嘲弄。

我突然发现，那种"被嘲弄"的感觉，或许就是这孩子十几年来最熟悉的感受。

"该提醒的，我已经提醒了；而且，他是你们的孩子，不是我的。"我的话语里，其实带着情绪，但这对父母是否能感受得到，还是，依然选择漠视这些情绪？就像一直以来漠视孩子的情绪那样。

时光飞逝，我淹没在日常忙碌的时间流里，不知不觉像快转般，到了九月底各大专院校开学的季节。

微凉的午后，我手机进来了一封讯息。打开之后，我颤抖着身体，颓坐在办公室椅子上，久久无法自已。

"我们错了，不该没听进去你的话。孩子今早被发现在外宿的房间里烧炭轻生，学生证下压着遗书，上头只有简单几个字：'亲爱的爸妈，这辈子我很努力地当你们的乖儿子，下辈子可不可以让我做回我自己？'他的告别式，我们希望你可以来送他最后一程，这是我们仅存少数还可以为他做的事情之一。"

我几乎可以想象得到打着这些文字时，父母的心情有多悲痛。

只是，这一切，其实有机会可以避免的，不是吗？

心理师暖心分析

◆ 给身为父母的你

我们都是一边长大，一边遗落某些幼时曾有过的梦想或愿望。这些失落，或许是因为能力的限制，环境的不允许，或是经济方面的不足。

带着这些遗憾往前走，直到有一天，当我们成为"父母"。有些人在孩子身上看见自己曾经有过的梦想有机会实现，并在孩子身上投射我们自己的期待。

浑然忘记：孩子，也是一个独立的个体，而非我们用来填补遗憾与失落的工具。孩子，更不是我们的"事业"，别把他们当成事业来经营。

尤其是当孩子乖巧、听话，更容易使我们惯性忽略他们的声音，而只专注在我们自己身上。他们有自己的成长议题得面对，也会有自己的生涯、婚姻与家庭，这些课题从来都不是件容易的事。一路走来，我们都深刻有感，却总在面对稚幼的孩子时抛诸脑后。

◆ **给身为孩子的你**

相对的，亲爱的孩子，我也希望你能明白：很多时候，父母以爱与保护为名，实则出于他们自身的焦虑，并不自觉强加他们的价值观在孩子身上，走在他们以为安全舒适的轨道上。

但他们没有能力觉察，导致你需承受这些不合理的期待，以及他们的失落。基于对父母的爱，你选择顺从、听话，默默承受这一切，却让自己越来越辛苦。

因为，顺从与听话，容易让父母误以为你喜欢，或是你没意见、没感觉，日积月累下来，反倒愈加巩固他们"惯于主导孩子生命方向"的互动模式，以为这样对子女是好的，并且越来越难以松动。

随着他们日渐老迈，适应与调整能力也会渐弱，若此时才被迫去面对子女的不顺从，不也是种残忍？

就像我在咨询室里时常被问道："我这样做，对我爸妈会不会太刺激？他们承受得了吗？"

而我，通常会反问："如果你什么都不做，一年后的他们，就会更有办法承受吗？"

　　子女，往往出于好意，不忍父母难过与失望，所以不敢跨出那一步。然而，假使"独立自主"是你期盼的道路，那么或许真正该思考的是：可以如何帮父母打"心理预防针"，强化他们的心理准备度？即使无法以优雅的姿态面对孩子独立纪念日的到来，至少亲子间可以少些冲突与伤害，甚至避免如同上述故事中的孩子与父母那般，付出过大的代价，招致我们最不乐见的"双输局面"。

疗心练习与叮咛

　　当你开始意识到自己对于父母主导的重大决定有些负向情绪，而且难以消化时，有别于过去总是习惯听从与承受，你可以有不同选择——透过循序渐进的表达练习，重拾生命自主权。

　　这份找回生命自主权的练习，建议可以从强度较小的事情开始。

◆ **练习步骤**

一、将生活中的"决定"分三级

1. 初级：日常生活琐事，例如家庭聚餐地点的选择，放学或下班后的时间安排等。

2. 进阶级：足以改变生活形态的决定，例如住所的选择、要不要买车等。

3. 最高级：与生涯有关的重大决定，例如选择就读大学与科系、选择工作、选择伴侣等。

二、从初级开始，练习对父母表达不同意见，或是表明想自己决定并期待被尊重

初级的决定通常会引发的冲突与情绪张力较小，待反复多次，父母逐渐适应之后，可再提升到"进阶级"的决定，依此原则，提升至"最高级"。

◆ **疗心叮咛**

每一个阶段，都需要一定时间长度的酝酿与沉淀；需要的时间不等，越高等级通常需要的时间也越长，记得适时放慢速度，切忌急躁，以免感到挫败或承受过多负向情绪。

妈妈过世后，我很难过，
却又觉得"松了一口气"……

—— 被情绪勒索的孩子

同事离职前，把她转介给我。

第一次谈话里，她好几次有意无意地露出手腕上一整排的刀痕，让我想不注意到都很难。

虽然这么说很奇怪，但那种感觉就像在"展示战利品"般，搭配她看似云淡风轻的浅笑，真有说不上来的诡异。

第一次谈话结束后，我拨了通电话给同事，她听了哈哈大笑，接着很严肃地告诉我："她在试探你，看你够不够关心她，值不值得她信赖。"

我恍然大悟。

在刀痕背后

在第二次的谈话里，她的动作更加明显，我顺势正色看了她的手腕一眼，然后望向她，缓缓地说："我有注意到你手上的疤痕，如果你准备好想谈谈这些疤痕，可以随时打断我。"

当下她虽然只有微微点头，没多说什么；但特别的是：在那之后，她不再刻意展示它们，直到两个月后。

"这一刀，是我现在的男友有一次彻夜未归，清晨才回到家后，我把自己关进厕所，用刀子划的。"

她用右手轻抚着左手腕上某一道疤痕，悠悠地说。然后，开始细数每一道疤痕的故事。

我一路静静听着，时不时瞄一下她的神色。

"那这一道呢？"我用手上的笔，轻轻指向一道特别明显，却被她刻意略过没提到的疤痕。

她叹口气后，沉默了好半晌，"这一刀，是在我十八岁那一年，妈妈强硬反对我跟当时的男友交往，我威胁要离家出走，却发现这一招没用后，在妈妈面前划下的。"

她缓了缓情绪后，摇头苦笑地说："第一次割腕，力道没拿捏好，差点真的死掉。"

但更令我震惊的是她后面所说的。

"没想到，妈妈看到我割，不是冲上前来阻止，而是抢过我手上的刀片，往她自己的手腕上划得更大力！我被吓到说不出话来，顾不得我自己手上的血不断涌出，赶紧打电话叫救护车。我一直跟妈妈说'对不起'，然后母女俩抱在一起痛哭。"

我不知道她自己有没有发现：时至今日，即使已过数年，当述说着当时场景时，她语气仍颤抖着。

后来，在她大学毕业前，母亲坠海身亡，虽然大家都说妈妈"是不慎失足坠海，是意外"，但她心里很清楚：这不是意外。

"情绪勒索"模式，是母亲留下的礼物

她读小学时，父母即已离异；哥哥跟着爸爸，她跟着妈妈一起生活。但母亲一直无法接受离婚的事实，常常极力讨好父亲，希冀能够复合；也每每在感受到父亲的坚决且复合无望后，情绪就会暴走，时而歇斯底里，或不惜以死要挟周边的人对她妥协。

"在爸妈离婚后，妈妈私下总把爸爸骂得一无是处，她描述里的爸爸说有多可恶就有多可恶；但每逢爸爸来探视我时，她又极尽所能地表现热络。"

她再度无奈地摇头叹气，"有时候，她还会故意趁爸爸来的时候，在我面前说：'是爸爸先不要我们的，所以爸爸根本不爱你这个女儿！'"

当婚姻关系用如此不堪的方式结束，其中一方为了想积极争取子女的"同盟"而丑化另一方在孩子心目中的形象，是很常见的现象。因为他们深怕：如果不这么做，会不会有一天，不只婚姻没了，连孩子都弃自己而去？

"老师，对不起！虽然我知道这样讲很不孝，很不应该，但我必须诚实地说：妈妈走了以后，我的确很难过，但是更强烈的感觉竟然是'松了一口气'……"

"我猜想：那种感觉，像是从此不再需要因为怕妈妈生气而不敢与爸爸有太多互动，也无须顾虑妈妈会不高兴而无法挑选自己喜欢的伴侣。妈妈的爱，后来已经成为一种勒索与羁绊，是吗？"

我缓缓地把每一个字说清楚，虽然她没正面响应，但泪珠已经不争气地滑落脸颊，代她回答。

"可以的话，我想邀请你的男友下次一起来谈！"谈话结束前，我说。

她一脸疑惑地看着我。

"如果我评估得没错，在你们的亲密关系里，他可能正过着跟你以前一样的悲惨生活。差别在于'你以前是受害者，结果现在不小心变成加害者'，所以他需要好好被关心与照顾一下！要不然万一承受不了，真的跑掉怎么办？"我故作严肃地说。

她总算破涕为笑。

心理师暖心分析

当父母的婚姻陷入困境或冲突，孩子是最容易被卷入"三角关系"的人。

有许多父母总以为孩子年幼，好摆布，甚至错以为孩子是父母的财产，可当作婚姻谈判的筹码来运用，于是孩子感受到的大多是"我不重要""爸爸（或妈妈）不爱我"，或是"爸妈在乎是否能顺利离婚大过在乎我的感受"……

另一种常见的状况，则是把孩子当成父母的"情绪配偶"，例如：在婚姻关系中受挫，心理上习惯找孩子"取暖"，获取慰藉；或是如前述所说：进一步争取子女的"同盟"而丑化另一方在孩子心目中的形象，却也间接剥夺了孩子与父母双方维持互动与建立亲密的权利。

对孩子而言，扮演父母的"情绪配偶"时，会有一种"至少有机会保有某一方的爱与认同"的错觉，但到头来会发现：为了争取这份爱与认同，表达对母亲（或父亲）的"效忠"，孩子时常得僭越亲子关系，扮演起情绪照顾者的角色，不愿看见父母不快乐、生气、失落、难过，以为那是自己的责任，所以父母对孩子的"情绪勒索"也伴随而来，使得孩子无法做自己，并发展出许多扭曲的感受，也啃噬亲子关系。

疗心练习与叮咛

◆ 给孩子："情绪勒索"的辨识

年幼时的我们，因为势弱而难以抵抗父母加在我们身上的一切！我们对父母的爱是如此的纯粹，一方面渴求他们的爱，另一方面也希望看见他们彼此相爱，以至于为了父母，我们愿意做任何事、任何牺牲，只要他们能过得好，并且愿意爱我们。

但亲爱的孩子，我想对你说：我们对父母的这份爱，值得好好被珍惜，而非被滥用。

父母在婚姻里的困境，需要回到他们自己的关系里去处理与面对，而非透过我们获得救赎；唯有这样，他们才能真诚面对彼此、不逃避。

因此，学习辨识亲子关系里"情绪勒索"的讯息，并洞察这些讯息背后的目的与需求，然后重新选择不同于以往的响应方式，适度划出情绪界限，便成了很重要的功课。

	情绪勒索的讯息	讯息背后的目的与需求	过去的回应方式	新的的回应方式
范例	妈妈在我面前一直咒骂爸爸。	希望争取我的同盟，担心我心向爸爸而离开她。	与妈妈一起咒骂爸爸。	1.静静地听，但是冷回应。 2.告诉妈妈：即使你不在我面前骂爸爸，丑化爸爸的形象，我也不会因此离开你，你不用担心。
练习一				
练习二				

◆ 给父母："课题分离"的练习

当婚姻关系遇到瓶颈，为避免孩子涉入过多，照顾父母的婚姻关系，记得时常问自己以下问题，将答案写下来，并完成第 30 页的表格：

1. 在我们的婚姻冲突里，孩子通常用什么方式参与其中（或"被卷入"）？（例如：被迫听父母对婚姻的抱怨，对另一方的谩骂……）

2. 婚姻关系，是谁的课题？谁的责任？孩子为什么会觉得自己需要为父母的婚姻关系负起责任？

3. 你希望孩子未来再遇到类似的情况时怎么做？扮演什么角色？

最后，记得告诉爱你们的孩子：亲爱的孩子，你辛苦了！你没有义务承担这些，这是我们自己该解决的难题。你也不用被迫选择"效忠谁"，因为无论我们最终结果如何，即使是分离，都不会减损我们对你的爱！

　　孩子需要父母明确而具体的讯息，才能好好安心地在关系里长大，并且知觉到自己无须耗费过多心力在照顾父母的情绪，牺牲自己来介入、解决父母的婚姻问题。

	课题 / 议题	父母应该做什么?	孩子应该扮演的角色
范例	父母的婚姻冲突	直接面对彼此，必要时接受专业协助，例如寻求婚姻咨询或采取相关法律程序等。	1. 好好地专注在日常生活的各项任务，而非涉入父母的冲突。 2. 能够有表达意见与感受的空间，让父母可以了解孩子的感受。
练习一			
练习二			

　　你可以将自己的生命困境归咎于你的父母、你的家庭，只是他们无法为你的人生负责。

　　因为，即使他们再怎么愧疚，怎么补偿，又如何愿意帮你承受一切辛苦，终究无法代你过你的人生。而他们，也有自己无可逃离的生命课题得面对，与你我无关。

一个月都不开口说话

—— 捍卫生命主权的孩子

"他凭什么？"在咨询室里，孩子大声嘶吼着。

我不确定，这个孩子口里的"他"——他的父亲，在一墙之隔的等待区，是否有听到。假使有听到，又做何感想？

拒学的对象，究竟是谁？

台面上，他是精神科医师照会、转介过来，但在我眼里，比较像是被父亲"拎"过来的。

他，十七岁，在家附近的小区高中就读二年级。刚进入高中就读时，向来乖顺的他，除了成绩不太理想，其他方面倒也中规中矩，没什么令父母担心的地方。

但高二开学第一天的早晨，眼看时间一分一秒过去，孩子却一直没有下楼。父亲上楼查看，发现他还没起床，低声责备了几句。孩子把棉被拉得更紧，转身背对父亲。这个举动可惹火了父亲，催促的声音更加严厉，孩子才心不甘情不愿地下了床。

事情还没结束。不希望孩子开学第一天就迟到的父亲，飞车送孩子到了校门口。一路上父子俩没有太多对话，气氛冰冻到了极点，更令父亲意想不到的是：抵达校门口后，孩子不愿下车，好说歹说、疾言厉色均无效，父子开始拉扯，并引起校门口值班教官的侧目，但始终无法把孩子给劝下车。

辅导主任与老师出动后，看到孩子誓死不愿下车的决心，只好请父亲先带着孩子回家，并叮咛父亲留意回程路上的行车"安全"。

约莫半个月后，他重回校园。只是回到校园近一个月以来，无论师长或是同学，都没人听他开口说过任何一句话。

长久缺席的父亲

在我跟他的第一次谈话里，没有例外。即使是已在预期之内，但那样长时间沉默所引起的情绪张力，对一个咨询师来说，依旧不好熬。

只是，我知道他势必比我更辛苦。

"这个小时内我会在这边，不会离开，如果你觉得自己已经准备好，愿意说些什么，我很乐意听。"

就这样，在每周谈话一开始，我说完同样的开场白后，开始读我手边的书。

特别的是，他虽没开口说话，但也没拒绝或因此不来。就这样过了月余。

"这本我看过。"他用手比了比我的方向。

"喔？……那你最喜欢哪个段落？"既对于他第一次开口讲话有些讶异，也对于他竟然识得这本由当代心理治疗大师欧文亚隆（Irvin D.Yalom）所写的新书感到惊喜。

"我最喜欢它的书名《凝视太阳》。把死亡比喻成太阳，令人难以直视。"他表情严肃地说。

"在家里，谁是那个让你无法直视的太阳？"

对于这问题，他显然没有防备，愣了一下后，陷入很长的沉思，再度静默，直到谈话时间终了。

选择跟随他的话题提出这个疑问，不是没有理由的。这几周以来，对这孩子的理解，并没有随着晤谈进度一起停滞与胶着，除了查看医师所下的诊断，也在取得家长与孩子的同意下，与学校辅导老师联系。

在诸多讯息之中，我注意到一个很微妙的信息：在孩子高一生活快结束前，长年投身军旅的父亲，卸下职业军人的角色，正式退役并回归家庭。

我脑海里突然想起全职照顾家庭与孩子的母亲曾说过："这孩子长这么大，从未跟爸爸朝夕相处、共同生活这么长的时间过；就连他出生时，爸爸也不在。"

我心里的谜团微露曙光。

"空降"的父亲角色

谈话过程中的沉默时间越来越少，取而代之的，是他天南地北畅聊，无论是书，还是电影，他都涉猎得很广，着实令我啧啧称奇。

而我，喜欢透过他所提到的电影或书中故事，联结回他的生活、与家人的关系，抛出问题给他；然而，他也总是有意无意地逃开。

"你打算逃到什么时候？"我问。

"要不然我能怎么办？"他静默半晌后，收起笑容，转为严肃，"过去十六年来，他放我跟妈妈自行生活，几乎没有参与过我的生活，任何重大日子也都没出现过，现在突然出现在我生命中，就要主宰我的生命……"

"他凭什么？"他双手握拳，愤怒地嘶吼。

看着眼前的孩子，我的心揪了好大一下。

不单单是对这个孩子的心疼，更是对这一家人的惋惜：一位自知缺位太久，想补偿孩子却不得其门而入的父亲；一位自幼渴望父爱却求之不得，转而拒绝父亲的孩子；再加上一个好不容易盼到丈夫回归家庭，却反倒夹在父子冲突中的无力母亲。

心理师暖心分析

近十年来，台湾出现了一种新的家庭形态：留守家庭。

它指的是：许多家庭中的主要经济支柱，为了保存工作机会或追求更优渥的待遇，必须接受公司外派，远赴他乡。

在这种家庭形态里，有"离开的一方""留守的一方""留守的孩子"等家庭成员。一个家庭，三种心情。

例如：离开的一方，常常怀着对家人的愧疚奔赴异乡，夹杂愧疚感、失落感与陌生感，独自生活；留守的一方，理智上虽知道另一半所肩负的任务，但情感上无不时时期盼伴侣能早日返家，靠岸停泊，无须再远行。

至于留守的孩子，对于父亲（或母亲）长期的缺位，特别是在成长过程中重要里程碑（如：入学第一天、毕业典礼）的缺席，心里不免有遗憾与失落，甚至转为不谅解。

然而，这岂止是留守家庭的困境，更是许多"假性单亲家庭"的写照。就像文中的孩子，因着父亲投身军旅且位居要职，即使不像典型留守家庭的父母长年旅居海外，仍因没与父亲共同生活而感到疏离，甚至在稍稍长大之后，替长年过着单亲生活的妈妈感到不平。

而父亲也感到委屈：想到自己为家庭经济付出与打拼，孩子却不愿体谅自己的处境。

　　此外，对文中的孩子而言，父亲长久的缺席，让母子间的家庭次系统更加紧密，父子间的次系统则更加疏离。因此当父亲退伍，回归家庭，虽然急于补偿孩子，并透过更多参与孩子生活，帮孩子规划生涯以表达爱与关心，却没料到孩子感受到的是"过去十几年你都没参与，现在一回来，就要全面介入、接管我的生命，你凭什么？"或是"我是你的儿子，不是你部队的下属，别用管部队的方式管我！"

　　而丈夫的归来，对母亲来说原是件令人期待与雀跃的事，除了情绪上的相互支持，少些孤单，在教养孩子上也能多个人分担。然而，面对孩子的情绪反应，父子间的激烈冲突，反倒令她左右为难，耗去更多心力。

　　我们时常陷溺在冲突中，忘记"爱"的本质，明明希望更靠近彼此，却因为方法错了，导致把彼此推得更远。这也提醒我们：爱的表达，需要更多的练习。

疗心练习与叮咛

◆ 给孩子的"情绪书写"与"分享练习"

1. 写下自己对于父亲（或母亲）长久缺席的所有正、负向感受。

2. 检视每个情绪背后的真正原因，例如："愤怒"情绪的背后，可能是因为"爱与关注"的需求被漠视，所以由失落转为愤怒。

3. 正视负向情绪背后的需求，并与主要照顾你的人分享。

4. 将心理需求转为正向且直接的表达，让对方知道，例如：我这么生气，是因为我其实很渴望你能出席我的重要日子，可是却要不到。

5. 表达自己期待的陪伴方式，并经过讨论与修正。

◆ 给缺位父母的"陪伴练习"

1. 与孩子的主要照顾者，或你的伴侣恳切地谈，去理解"孩子需要的是什么"，而非"你想给什么"。

2. 了解孩子这些日子以来的感受与情绪，专注聆听并尊重"专属于孩子的述说时间"，不急于为自己的缺席辩解。因为：关于辩解，孩子与我们一样，都已听得太多。

3. 表达自己的遗憾与感受，但不加批判性的字眼（如：你为什么这么自私；只想到自己的难过，都没看见别人多辛苦）。

4. 与孩子及伴侣讨论：他们希望你用何种方式逐步融入他们的生活，以及参与他们的生命，并约定给彼此多少时间相互适应，再进行检核与调整。

我不值得被爱，
不然父母为什么丢下我？

—— 不惜一切讨爱的孩子

第一次家访时，我扑了个空。

迎接我的，是孩子的阿嬷，用一口地道的台语直对我说："老师啊，'歹势'啦！我不知道你今天要来，伊拢呒跟我说，可能连伊自己都忘记了！"

奶奶护孙，深怕这个自小孤苦无依的小孙女会受到责罚，我自是可以理解，所以我也没有说破。

事实上，我与孩子有事先约定好时间。

"阿嬷，你要跟你孙女说：下一次我来的时候，她一定要在喔！要不然我必须向法院的保护官回报，到时候连我都不知道该怎么帮忙了。"

临离开前，我故意这样跟阿嬷说；即使我知道：年近八十的奶奶，也无力管教。

生而不教不养的父母

十五岁的她，自幼就与奶奶相依为命。父亲在她年幼的时候就锒铛入狱，没多久，母亲也不知去向，只有偶尔会接到她寄回来，写着女儿名字的现金袋。

"我以后一定要告她恶意遗弃！"她总是气愤地对旁人如此说，包括在我面前，也不例外。

然而，奶奶私下偷偷告诉我：每次只要收到妈妈寄来的现金袋，她嘴里虽然一边仍忍不住飙骂，却又一边小心翼翼、默默地把信封袋折好，收藏在书桌的小抽屉里。

听到这边，我的心不自觉揪了一下。

对这孩子来说，信封上妈妈亲笔手写的女儿名字，仿佛成了她们母女俩之间，仅存的联结与依附。即便这个联结是如此的薄弱。

随着信任感与日俱增，有一天她说到气愤处，主动打开了那个小抽屉，拿出一整迭的信封袋用力甩在书桌上。

"她以为三不五时寄个钱来，就可以交差了事，我就会认她这个妈妈？你等着看好了，就算有一天她出现在我面前，我也不会开口叫她一声妈！"她涨红着脸，难掩激动地说。

"那你为何还想把这些信封袋留下来？"

仗恃着这股信任，我决定冒点风险："我相信你是真的没把这些钱看在眼里。因为这些钱，都没信封袋上的这些字来得重要。"

她依然涨红着脸，只是不再答得出话来。

为"爱"牺牲无止境，只因不愿再度匮乏

最令人感到不舍的，是"爱"的匮乏，让她付出了惨痛的代价。

她因为协助诈骗集团至提款机取款，成了现行犯。然而，少年调查官发现：她虽自承第一次参与犯案，但陈述供词时，似乎意图保护特定人。以他们的经验分析，应该是替长期担任诈骗集团"车手"的男友扛罪；在晓以大义，耗费一番手脚后，她才愿意松口。

高二时，认识了大她十多岁的男友，开始出现"夜不归

宿"的状况。对一个从小缺乏爱的孩子来说，第一次感受到
"被捧在手心上"是什么感觉，所以义无反顾地奋力去爱。

像是飞蛾扑火般，误以为是生命的亮光，直往火里去。
因此，无论男友要她做什么，她都尽量满足，唯恐失去这份
爱，或再次经历"被遗弃"的历程；终致引发此次的"车
手"事件。

高龄多病的奶奶，在孩子进入青春期以后，教养上显得
更加力不从心。街坊邻居建议阿嬷可以请学校辅导老师帮
忙，无奈孙女到校的情况极不理想，连老师也无可奈何，使
不上力。

"对这孩子的生命来说，此次的事件，是危机，或许也
是转机。"我对保护官如是说。

"的确，虽然付出的代价是高了点，但总是个让社政资
源介入的好机会。"她点点头，回应我。

心理师暖心分析

父母是孩子的第一个依附对象，其重要性难以被取代，尤其是"血缘所从出"的亲密感，即使亲如祖父母，也无法完全替代。

对大多数孩子而言，父母的缺位、家庭结构的崩坏，不仅仅是"没有人照顾"而已，学习"爱"与"被爱"的机会也被剥夺。

在与父母的关系里，孩子有两个重要的任务需要完成：

一、经验"被爱"，确认自己的存在与价值

我们从与父母的关系里，初次体验"被爱"的感觉，并在爱里尝试发展自我，发展与他人建立关系、爱他人的能力。

而父母透过一次次对孩子行为的响应，帮助孩子勾勒出自我的形象，知觉"我是谁？""我是个怎么样的人？""我值不值得被爱？"等，并形成自我价值感的发展基石。

二、学习回应"爱"，长出爱人的能力

在感受到父母给予的爱以后，孩子也会开始试图回应父母的爱，再依父母的反应，修正爱人的方式。

有时候，孩子在不知情的情况下，错用具破坏性的方式表达，以为那就是爱，此时父母的响应方式与内容可以帮助孩子检核"表达的方式是否适当"。

例如：当幼儿因为某种原因（例如"玩得太兴奋"或"生气"）出手打人，父母认真且正色地告知孩子这行为会伤害到爱他的人，同时在孩子改正行为之后给予安抚与肯定，孩子将学会"我不能伤害爱我的人"，以及"即使我犯错了，只要愿意改正，我仍会得到父母的爱"，让孩子无须因为担心失去父母的爱而不敢犯错，或是耗费过多心力讨好父母。

父母的爱，象征一种"稳定的存在"，犹如一个容器，让孩子得以被涵容，安心地在其中投射自己的模样，经过长时间酝酿并长出能力。

而自幼父母即不在身边的孩子，由于未曾有机会好好"被爱"，又怎会有能力"爱人"？于是，"我是不是不值得被爱，否则父母为什么丢下我不管？"这样的信念成了生命中不可承受之重，并且时刻焦虑于"避免反复经验这种感觉"，而发展出"不惜一切代价讨爱，以证明自己值得被爱"，或是"避免投入关系，不让别人有抛弃我的机会"两种极端的关系形态。

令人心疼的是：无论是哪一种关系形态，那颗"曾经深深匮乏而渴求爱与关注"的心，犹如无底深渊，不管往里面投入多少关系、多少爱，仿佛都难以填补。

疗心练习与叮咛

被父母遗弃的失落创伤，透过否认、逃避等心理机转，容易被压抑到潜意识里而不自觉；然而，这些感受与记忆如此真实且不容否认，深刻影响我们与重要他人间的依附关系，并且不断在关系中追寻与验证生命脚本。

在疗愈的路程上，首要完成的心理任务是"觉察并承认失落创痛的存在"，使它们从"潜意识层次"提升到"意识层次"，并洞察其如何运作，如何影响自己。

第二个心理任务，是为"爱的匮乏"设定停损点，建立底线，并拿回"给予爱"的主导权。

通过疗愈书写，完成上述两个心理任务：

1. 无爱童年的告白：回到自己"初次知觉到父母亲不在身边"的年纪，写下自己当时的感受。

2. 青春期的回顾：将时间挪移至十五岁，回顾童年至十五岁的自己如何长大。

3. 成年前期的亲密关系经验开展：在这段岁月里，曾伴随着哪些亲密关系经验？它们如何受到"自己与父母间依附关系"的影响？

4. 取回"给予爱"的主导权：定睛于现在（象征"已长大、有能力"）的自己身上，列出三至五种你愿意且渴望爱自己的方式，每周挑选一至两件执行。

妈妈对我说：
"你再不听话，我就不要你了！"

—— 逃避亲密承诺的孩子

今天已经是第三次了。

在下班接小孩的路上，我看见同一个小女孩，约莫小一、小二的年纪，在路旁再度被抛下，声嘶力竭对前方作势要骑机车离开的妈妈哭喊着"不要、不要、不要"。

前两次，妈妈骑车绕了个小圈后，终究都还是绕了回来，这一次没意外，也是如此。同样，也毫不例外地用高分贝音量对孩子吼着："为什么你每次都讲不听？以后再这样，我就不理你了！"音量之大，很难不引起来往路人的侧目。

而且我猜：应该有些人与我相同，已非第一次目睹这景象。

这一次，我终于按捺不住，准备趋向前去，正在迟疑间，我发现已经有一个身着附近一家医学中心短白袍的医护人员过去。

接着，经过一番争执，看见那位妈妈悻悻然地丢下一句，"关你什么事？"回头对着小女孩吼，"还不上车？"疾驰而去。

整个历程，我很难不去关注那个小女孩的表情。

因为那个忧伤表情，在我的咨询室里，并不陌生，差别只在于：那是出现在三十几岁的成年女性脸上，并且大部分时间被"收"了起来，藏得很好。

被抛在路旁的小女孩

Jean 第一次踏进咨询室时，她告诉我：最近刚跟交往三年的男友分手，分手的原因，不是男生不爱她，反倒是太爱她，在数度向她求婚，都得不到应许后，黯然地选择离开这段关系。

"那时候，我居然没有半点难过。"她说。讲这句话时，她表情木然。

后来我才知道，原来这已经不是她第一次以这种方式结束关系了。"随时为关系结束做准备"的信念，可以让她离开关系时，比较不会"痛"，却也阻碍了她完全投入关系，总是告诉自己"不要爱得太深，以免对方离开时，自己会太痛"。

周而复始，一次又一次，在经历了三段类似的关系后，也让她从"双十年华"来到大家口中所谓的"剩女"阶段。她意识到自己似乎有些什么不对劲（她的用词是"我觉得我一定有毛病"），却又无法知道究竟是怎么回事，所以选择来到这边。

我仿佛看见她脸上的惊恐

在我们的咨询关系稳固后，依我的直觉，我想差不多是时候切入核心议题了。

"你与妈妈的互动如何？"我问。

Jean 的脸色顿时垮了下来，接着逐渐转为忧伤，在引导下，慢慢地述说。

她说，在她们小时候，父亲因为工作忙碌，全职家庭主妇的妈妈扛起全部的教养责任，她知道妈妈压力很大。印象最深刻的经验是：只要她没听妈妈的话，惹妈妈生气，不管当时在哪里，妈妈常会大声骂她："你再不听话，我就不要你了！"并无视她的哭求，丢下她不管，自己回家。

有一次在一个大卖场，她哭到人家都打烊了，警卫伯伯看不下去，陪她走回去，路上才遇到折返的妈妈。

"那个画面，我很难忘记。"Jean 眼眶湿润。

她幼时脸上的惊恐，我仿佛还可以看见。

一种教养，两种心理决定，同样让人心疼与遗憾

后来，妹妹出生后，妈妈依然时常上演这一出剧目。但是，她意识到自己多了一个"姐姐"的角色，选择先收起自己的情绪，先照顾妹妹，保护妹妹不受到惊吓。久而久之，她认为自己因此变得坚强，不理会妈妈的情绪，便不会因此受伤难过。

"妹妹直到现在都出社会了，还是很不争气，常常还是很在乎妈妈的看法，希望得到妈妈的安抚与肯定。"

她停顿会儿，接着说："而且她跟男友的交往状况，我

也常看不下去！每次吵架都哭得死去活来，什么都肯配合，只求男友留下来。一副好像没有男人，就不知道怎么过日子的样子。"

"你有没有发现：你们姐妹俩各自的亲密关系模式，与你们和妈妈之间的互动模式，有点像？"对于这个很跳跃的问题，她先是一愣，接着陷入沉思。

不同的是：姐姐选择不投入关系，以避免受伤；妹妹则选择讨好，以避免对方的离去。

同一个教养方式，两个孩子，两种不一样的选择与决定，却都令人感到心疼与遗憾。

心理师暖心分析

大多数的心理学家都同意：父母，是孩子第一个亲密依附的对象，孩子幼时与父母亲的互动关系的质量与形态，会影响孩子长大后在亲密关系中所呈现的样貌。

在咨询室里，很多困在亲密关系或婚姻关系中的案主，症结往往可追溯至幼儿时期或青少年时期与父母间的互动，以及其所发展出来不利于与人建立亲密关系的"依附形态"，而且这些依附形态大多源自于孩子如何响应主要照顾者在教养上出现的问题。

最常见的是心理学家安斯沃斯（Ainsworth）所提到的"抗拒／矛盾型依附"（Resistant Attachment）以及"逃避型依附"（Avoidant Attachment）。

前述案例里的姐妹，即是典型的例子。面对情绪不稳定、时常恫吓要抛下她们的母亲，姐妹俩其实都很在意母亲的安抚与肯定，并且害怕母亲的离去；然而，面对情绪不稳定的母亲，即使母亲在身旁，她们也总处在焦虑不安的状态，时时担心"妈妈不知道何时会突然生气"而恐惧，难以感受到母亲角色带来的安定感，而发展出带有"矛盾情绪"的依附形态。

而姐姐后来为了保护妹妹，发展出新的响应方式：在与母亲的关系中，让自己少些对关系的期待，抽离自己的情绪，而不再投入关系里，避免因反复失落与受伤而无法坚强地保护妹妹。

疗心练习与叮咛

这些经学习而来、扭曲的响应方式，在幼时与父母的关系里，的确有其阶段性保护功能，但却可能在长大以后，阻碍我们发展经营亲密关系的能力，唯有透过觉察、辨识，而后反复进行"断开经验联结"的练习，才有机会修正。

◆ 给"曾经是孩子的你"的疗心练习

如果你曾经或正在经历一段让你觉得辛苦与难受的亲密关系，请稍稍停下脚步，回答以下问题，并将答案书写下来。

1. 在你与伴侣的关系里，有哪些部分与"你与父亲／母亲"之间的互动相似？

2. 这些相似之处，如何影响你自己的亲密关系？

3. 在面对伴侣时，哪些情境最容易挑起你的负向情绪？

你为何
成了父母的翻版

这些情绪经验，在你与父母的关系里，是否也感到熟悉？

4.再重新读一次自己所写的答案后，写下自己的发现与觉察。

并在文字的最后，提醒自己："我已经长大，现在我面对的，是我的伴侣，不再是我的父母，我有能力可以选择更好的方式响应我的伴侣，投入属于我自己的关系。"

5.与你的伴侣分享上述的发现与觉察，并一起讨论，设定好"中止自动化情绪反应"的"开关"（例如手势或关键词）。在必要时，请伴侣帮忙踩刹车，断开自动化情绪反应的联结。

◆ 给"已为人父母的你"的疗心提醒

我们生活中不免有许多辛苦与委屈，为了家庭、经济、工作，承受不少压力，然而这都无损于"我们是孩子亲密依附的第一个对象"之事实，孩子需要我们扮演一个"稳定的成人角色"。

你习惯把"如果你不（达成什么事）……我就不理你/

我就离开你"这句话挂在嘴边吗？如果你知道这句话对"你与孩子间的亲子关系"，以及对孩子"未来发展健康亲密关系的能力"潜在影响有多深远，你是否愿意在下次说出口前暂停一下，再决定要不要说？

然后，别忘了回过头照顾一下自己：我最近是不是压力太大、太紧绷？是不是需要找人聊一聊？以免把压力与情绪在不自觉中转移到弱小、没能力抵抗的孩子身上，不小心伤害了你所挚爱的他们。

情绪崩溃时，
母亲伸出手臂，让她咬

—— 茧居的孩子

整整三年，孩子无法出门上学

根据孩子的辅导老师所提供的数据显示：在此次入学之前，她已经"茧居"三年。

我仔细端详着这孩子的脸庞，看见她的眉头深锁，一脸沧桑。

十八岁，这个"孩子"年纪有点长，足足比班上同学大了三岁。初中毕业后，原可直升一所明星私校的资优班，但她几乎足不出户。三年，无法上学，令父母心急如焚。

入学第一天，孩子到校，辅导室就接到母亲的电话，并把故事"完整"地说了一遍。

孩子的父母，经营一家小有名气的连锁餐饮集团，在全台各地有许多分店。孩子小学的阶段，适逢父母在创业关键期、全心投入工作中，无暇顾及她与弟弟；与她相依存的，是阿嬷与从小看着她长大的保姆。

　　小学毕业前，阿嬷生病过世，父母忙碌依旧，在不得已的情况下，将她送到一所颇负盛名的寄宿型贵族学校。升上初三后，孩子开始出现"请假日"比"实际到校日"多的情形，但神通广大的父母，总有办法摆平一切。

手臂上鲜红的齿痕

　　当父母天真地以为孩子终于愿意主动上学，从此可以海阔天空之际，孩子仿佛又重重地给了他们一拳：甫入学不到一个月，再度无法步出家门。

　　起初，母亲央求老师到家里看看孩子，鼓励孩子上学，但渐渐地，无论是老师、教官、主任，再也没人可以顺利把孩子带到学校来。所有人双手一摊，无可奈何。

　　一天，母亲出现在辅导室。秋老虎的炽热，让她穿着袖套以防晒的模样，显得合理。直到她进了咨询室，露出手臂上一个个鲜红的齿痕，把辅导老师吓得花容失色。

过度涉入的母亲

两个礼拜后，辅导老师陪着母女俩来机构找我。

"你的意思是：当孩子情绪崩溃时，会要求你给她咬？"我先看了孩子一眼，再看向母亲，"而你，也就真的乖乖伸出手来让她咬？"

母亲点点头。

我则与辅导老师交换了一下眼神，两人都感到匪夷所思。

"咬完后，她通常心情会好一点；恢复平静后，她也会跟我道歉。"母亲望向孩子的眼神里，带着几分乞怜。

孩子也热切回应母亲的眼神，脸上满是歉疚。

霎时间，我仿佛可以看到这个十八岁的躯体里，住着一个八岁的小女孩。你可以视之为"一个被宠坏了的孩子"以及"极度纵溺孩子的母亲"，共同构造出这吊诡的暴力循环模式。

然而，我还看见一对依附甚深、同病相怜的母女；以及这个十八岁的躯体内，有个四十八岁的暴力典范。只是，这个暴力典范从何而来？

为了验证我心中的假设，我请他们全家一起来一趟。

母亲经过一番努力，终于把全家一起带来。

情感疏离的父亲

"都是妈妈太宠，不懂得找方法！"在会谈室里，这个父亲，作势握紧拳头，摆出商业场上谈判的架势，攻势很凌厉，完全没有给这对母女有任何喘息的机会。

"像她弟弟，就很乖巧、很正常啊！哪有像她这样？"

"家，是谈情的地方，怎么会是谈判的场域？"我不禁心想：这个爸爸，是不是搞错敌人了？

孩子冷哼一声。

"你到现在依然坚持自己是对的。难道你看不出来吗？如果你再不改变，下一个出状况的，就是弟弟，你等着瞧好了。"

一路处于挨打的孩子，终于忍不住回击。"还有，我们不是你的员工，别用那种语气对我们讲话！"

语罢，起身夺门而出，留下一屋子错愕的家人，惊慌的辅导老师，以及心理图像更见清晰的我。

"缺席"的功能

一个月后，辅导老师来电，告诉我："孩子虽然还是没有每天到校，但平均每周都会来个一两天。"

"你怎么看待孩子的改变？"我好奇地问。

"我觉得她已经有明显进步，至少走得出家门。"她说，语气听来多了几分笃定，少了许多无力。

她接着补充道："督导，谢谢你。在那一次的家庭会谈里，我在一旁观察你与这个家庭的互动，才发现原来孩子的'缺席'对这个家庭是有功能的。孩子希望透过这种方式，唤回父亲对家庭、妈妈，以及对他们的关注。"

我想起当天孩子重新回到咨询室之后的情景。

我请父母到咨询室外头等待，独留我、辅导老师，以及她。我对她说："辛苦你了！你的诉求大家都听到了，包括爸爸。既然阶段性目标已经完成，你还需要继续（缺席）下去吗？"

她先是愣了一下，然后露出会心的微笑，眉心也跟着松了不少。

她的笑，全世界大概都懂了，但重点是：父亲呢？这个
父亲"愿意"懂吗？

心理师暖心分析

在家庭里，冲突越大的两人，往往也是越在乎彼此的
两人。

就像上述故事中的那位孩子一样。我们对于自己在乎
的人，总会有许多期待，忍不住对他们索求爱，一旦要不到
爱，或感觉被忽略，心理的失落也相对巨大。

等到再长大些，更有能力时，有时候会转化成攻击，来
试图唤起对方的爱与关注。更遑论是一个从小父母即不在身
边的孩子，更不难想见对爱的渴求有多强烈。

在咨询室里进行家庭会谈时，当咨询师与家人建立信
任关系，开始进入会话后，常见以下的情景：家庭成员会在
会谈室中不自觉重演平时家庭里的剧烈冲突、互相指控；另
外，有些成员，此时则忙于缓颊，帮忙对行为做解释，或不

知所措。

　　治疗师要做的，则是协助家庭成员洞悉攻击与指责背后真正的心理需求，并且拆卸攻击与指责，让爱直接真实表达。

疗心练习与叮咛

◆　绘制"家庭互动图"

　　在家庭会谈时，我常会给所有家人一份练习作业：描绘"家庭互动图"。用以协助全家人或是特定家庭成员，去觉察自己在家庭中的位置，以及自己与家人间的互动脉络，让"觉察"成为疗愈与改变的开端。在个人的家庭关系探索与疗愈上，也很适用。

◆　"家庭互动图"绘制方式

　　一、请按自己的观察与感觉，依循下列原则，在纸上标示出每个家人的位置

　　1.家庭成员间的相对位置远近，代表彼此间的关系距离。

2.如果在两位家庭成员间，有基本的互动，则用直线连接起来，象征有互动上的联结。假使两人间的互动多而频繁，则加深、加粗该线条；互动越多，线条越粗越深。

3.如果在两位家庭成员间，时有冲突，则用线条连接起来。假使两人间的冲突多而频繁，则加深、加粗该线条；冲突越多，线条越粗越深。

4.给每个人一至三个形容词。

二、邀请你最亲近或信任的家人（至少一位），也绘制一份"家庭互动图"

再将你自己绘制的"家庭互动图"与之交换并分享，比较一下两人的差异。

特别是针对"距离""各种线条""形容词"，去理解其他家人眼中的家庭互动，与自己的感受有何差异。

三、对这位家人长久以来的陪伴与支持表达感谢，或是给一个拥抱

这张图，在家人间的流转所引动的改变总令我惊艳。

在会谈室里，我时常听到家人间既泪又笑地分享，给彼

此回馈，更听见有人讶异于"我从没想过：原来自己与父亲之间的很多冲突，在母亲的眼里，是因为出于爱。但这样的爱，却总令她为难！"因此开启了改变的动能。

"觉察"的练习，即使未能立即打开家庭关系疗愈的大门，依旧是引动改变的重要途径。

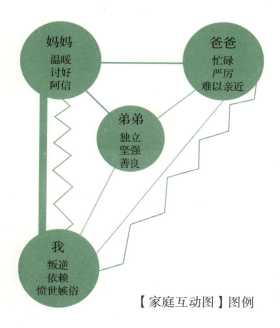

【家庭互动图】图例

一心想让名医爸爸难堪

—— 报复的孩子

那一年，我遇到这个孩子。因为频繁与师长冲突，所以被转介到辅导室来。

孩子的父亲是某医学中心的"名医"，并且很受院长器重，大大重用；母亲则是中学老师，刚退休不久。

"父老子幼"的状况，很容易被简化问题为"因为老来得子，所以过度宠溺"。

但这个家庭长得不太一样。

"培养独立"的善意，造成意外的疏离

有别于很多独生子女的家庭，这对父母虽然老来得子，却对孩子要求极为严格。父母感受到自己年纪日渐老迈，一直有个焦虑："我们可能来不及确定孩子可以成家立业，照顾好自己，就得离开他身边。所以要提早训练他独立自主的能力，不容依赖，而且最好够优秀、够突出！"以为这是给

孩子最好的礼物。

孩子也的确不负父母期望，自小品学兼优，直到上了高中，一切开始变得不同。

读明星高中的孩子，向来容易遭遇"成绩优异的光环，从此不再"的失落。四十个来自各初中前三名的孩子，只会有三个得以继续维持这样的光环，其余的三十几个孩子，就像坠落凡间的天使般，开始感受现实世界的残酷，一不小心还会摔得血肉模糊。

就像这个孩子一样。

虽然孩子心里很渴望与父亲靠近，父亲也本该是孩子的偶像，但在年幼时，父亲却常常不在家。只要一在家，"严厉父亲"的角色鲜明，看到孩子有哪里做不好、成绩退步，除了惩罚孩子之外，也会不断数落妈妈"没教好"。尤其是孩子上了高中，成绩光环不再之后。

"老师，不能怪他啦！我们父子俩根本没有'感情基础'，他可能连我今年念哪一班都不知道，哪会知道可以关心我什么事。"孩子的语气里尽是嘲讽与戏谑。

　　说来讽刺：父亲一直在我面前强调"我很重视孩子的品格教育"，然而据孩子所说，他从父亲身上学到的，是"自己没尽到责任，却一直怪别人"的身教。于是，从高中开始，跟着爸爸一起加入"指责妈妈的行列"，并习惯把责任往外推，认为都是别人的不对。

　　说到爸爸，他总不以为然，忍不住用鼻孔哼气。上高中后，更"进化"到出现各种重大违规，即使知道放学回去后，会被修理得很惨，但是只要一想到可以让贵为"名医"的爸爸来到学校"丢脸"，他就觉得很值得。

孩子的心理决定

　　这些年来，他默默在心里做了决定：我过得并不好，而且我要想办法让你们知道，让你们也不好过。

　　他常常用具有"破坏性"的方法，透过在校园里大小过错不断，进出教官室与学务处像在走自家厨房一样，让父母疲于奔命，一天到晚接学校电话。

　　有一次，爸爸被学校约谈后，孩子主动来找我，一派轻松。

"你开心吗？现在。"我很严肃地问，因为我真的笑不出来。

"开心啊！"他看似一副得意状，但我看得出来，那种得意其实很空虚。

"为了这个'开心'，你付出的代价会不会太高？"我看着他，复杂的情绪里，有着心疼；当然，更多的是"生气"。

也许是感受到我的凝重，他收起了吊儿郎当的态度，静默不语。

如果可以爱，谁会选择恨？

"我知道你很气他，所以想尽办法让他丢脸、难堪。是！你是达到目的了！然后呢？"我丝毫不给他喘息的机会，"你以为你赢了？难道你不知道在'报复的游戏'里，没有人是赢家？"

"唉……要不然，我还能怎么样？"他就像泄了气的皮球般，少了过度膨胀的气焰，取而代之的，是止不住的叹息。

看着颓坐咨询椅上的他，我不禁想着："家，一旦变成战场，没有人可以全身而退，每个人都是输家。"这道理，为什么还是有这么多人不懂？

不惜与父母"玉石俱焚"的孩子，看似带有巨大的"恨"，但身为成人的我们，却也常忘记：如果可以选择温暖而支持的"爱"，谁会愿意选择承受痛苦难熬的"恨"？

或许，他们都曾经努力索求爱，只是不曾被好好疼惜与对待，因此错以为自己没得选择罢了！

心理师暖心分析

在这个家庭里，全家人都感到很受伤。

对父母来说，培养孩子独立自主的能力，是一种出于深刻的爱与祝福，希冀孩子能带着这份祝福以及能力，即使有一天不再有父母的羽翼保护，也能好好地把自己的生活给过好。然而，负责扮演黑脸，严厉要求孩子的父亲，由于与孩子的关系里爱的存款不足，因此孩子感受到的不全然都是

爱，有更多的是"干预""限制"，并且把父母的爱理解为
"父母是担心我表现不好，让他们丢脸"。

这些曲解，总令父母感到伤心与委屈！直到有一天，当
孩子远了、走了、不再回头，才惊觉：不管你是医师、律
师、教授，头衔多大，孩子要的，就是一个单纯而真实的
"父亲／母亲"。

对孩子而言，父母可以给孩子、最难以被替代的，是
"关系"，也是所有影响与改变的起点；无论父母在专业领域
里多权威、多有能耐、多能呼风唤雨，唯有"关系"还在，
才有机会影响孩子。但父母却常过度在意其他功能性的角
色，反倒失去了与孩子的关系，着实令人感到遗憾。

但事实上：离开，并不是一个容易的决定。若非必要，
我们都不会轻易选择离开我们所爱的父母家人，我们所依恋
的家。在选择转身离开之前，总希望"是不是还能做些什
么？""是不是还有其他方法？"

疗心练习与叮咛

◆ 给"曾经是孩子的你"的疗心练习

亲爱的孩子，辛苦了。选择用这么激烈的方式来表达你的不满，你自己肯定也不好受，但因为年幼，资源、权力受限，没有太多的选择，更无力和解。

事实上，和解向来不是件容易的事，包含与自己、与家人和解，皆然；但是有一天，你会感觉到自己开始具有力量，不再是"没得选择，仅能如此"。

邀请你一起来洞察自己行为表征背后真正的心理需求，并进一步思考"现在的我，可以有什么不同的选择？"

◆ 给父母的疗心叮咛

孩子最不可爱的时候，往往也是最需要爱的时候。

偏偏这时候，他们仿佛有一种"惹毛父母／师长"的天赋：一言一行，一举一动，活像刺猬一样，针针挑动我们的神经，动不动就剑拔弩张、张牙舞爪，的确让大人难以"爱

你为何
成了父母的翻版

	关系对象	原先的因应方式	背后真正的心理需求	事过那么多年之后，如果重新来过，我会……
范例	例：父亲。	不断违反校规，让父亲疲于奔命与丢脸。	1. 爱与关注。 2. 受伤与失落的感受能够被看见	1. 透过信任的师长或其他对父母具有影响力的人转达。 2. 直接告诉爸爸"为什么我需要如此？"及"我真正在意的是什么？
练习一				
练习二				

得下去"。

殊不知，这往往也是他们对大人的试探，只是连他们自己可能也没能觉察。

当大人被挑动情绪，一如他们预期动怒，随他们起舞，会更加巩固孩子心里"看吧！爸妈果然不爱我、不在乎我，否则怎会对我这么生气？"的推论。那种感觉，像是"搜集点券"一样：集满十次"爸妈对我生气"，验证"你们不爱我"的感觉。

下次，父母觉察到自己情绪快被孩子挑起前，不妨多深呼吸几次，缓一下怒气，先静静看孩子"独舞"，不急着接受邀请加入共舞，也不讨好、不回避孩子的情绪，然后直白问问孩子："我看见了，也感受到了！但其实你可以不用这么辛苦。你愿意明白告诉我，你需要什么吗？"

孩子通常会被你出乎预料的反应吓一跳。

更奇妙的是：他们的诡计明明没有得逞，却反倒因此感到安心，甚至开心。

因为他们感受得到：我的需求，父母懂了，所以情绪也可以缓了。

觉察并打断负向情绪共舞的序列与步伐，是对孩子"表达理解"的正向开端。

总是生病，只为不让爸妈离婚

—— 代罪羔羊般的孩子

"与这孩子谈好长一段时间了，她的状况时好时坏。有时候感觉好像进步，稳定一点点了，但我一回馈给她，隔周她好像就又跌了回去，打回原形；这样来来回回好几次了！"接受督导的时候，我向督导求救。

督导问我："你观察到她每次退步，都是发生在你跟她响应，'她有进步'之后？"

"嗯，而且对于用药，她也没有很积极，常常有一天没一天的吃，根本不稳定。我说不上来那种感觉，仿佛……她不想好起来。"

我皱着眉，轻摇着头。因为总觉得自己这样的推论怪怪的：有谁深受忧郁所苦，会不想好起来？

"我们来假设一下：如果你的直觉是准的，那么你觉得她为什么不想好起来呢？"

督导问完这问题后，我眼睛为之一亮，并且用笔大力地敲了自己的头一下。

孩子的"忧郁"是有功能的

隔周，我约了家长一起进咨询室，这是他们第二次。上一次进咨询室，已经是几个月前，他们带着孩子第一次来谈的时候。这几个月来，我一直很"用力"地在孩子身上工作，以为孩子的状况仅在她自己身上。

我、孩子、父母，四个人在咨询室里。我眼睛瞄了一下始终低着头的孩子，故意跟这对父母说："这段时间以来，她的状况一直没什么改善，而且我觉得有越来越退化的迹象。我想了解一下，她在家里跟你们的互动如何，有没有发生什么大事？"

父母两人，先是面面相觑，接着互相推托，要对方回答我的问题。随着后续的谈话，渐渐地开始出现"互相指责"。

感觉得出来，他们试图努力在我面前掩饰对彼此的"怨"。但大概是真的积怨已深、已久，再怎么迟钝的人，应该都感受得到，更何况是我们学咨询的人。

送走父母后，我独留下孩子。

"你都看到了……我觉得好丢脸。家里吵不够，连来这边也要吵。"她说，但依旧低着头。

"但比起看到他们分开，你宁愿看他们吵，对吧？"我歪着头看她，等她回应。

她终于抬起头来看我一眼，随即又低下头去，喃喃地吐了一句话："如果不是因为我生病，他们早就离（婚）了！"

我知道她没说出口的一句话是："我能好起来吗？我好了，他们恐怕就真的散了！"

对这孩子来说，她的"忧郁"是有功能的：得以维系父母婚姻，维持家庭结构完整。即使，勉强维持完整的家庭结构之下，关系质量并不好。

孩子的问题，是父母婚姻的救赎？

那一刻，我完全明白了！但却一点都没有"猜中"的喜悦。相反地，在心里，我有好多好多的不舍、叹息与不解。

我不舍：一个十多岁的孩子，竟然需要透过牺牲自己，用"让自己生病"的方式，使父母难得有"一起救孩子"的共同目标，将两个大人拉在一起，暂时不碰离婚这件事，满足孩子对"爸妈还在一起，没分开"的小小盼望。

我叹息：这对父母，浑然没意识到孩子有多担忧他们、多爱他们、多担心自己被任何一方抛弃；只专注在自己是否可以顺利离婚，而罔顾孩子的爱与感受。

我不解：该进咨询室的，为什么不是"该好好面对婚姻问题的父母"，反倒是"爱父母的无辜孩子"？而且是用如此不堪的方式。

他们只是孩子，就应该专心地好好地当个孩子，而非父母婚姻问题的代罪羔羊。

心理师暖心分析

幼时随着父母经历"谈判离婚，争监护权"历程的孩子，常见两种创伤：

一是感受与想法被漠视的创伤，例如：难过、惊恐、害怕被抛弃等情绪被忽略，或是孩子想要与谁共同生活的意见被漠视。

二是因为不想见到父母分离而牺牲自己，成为父母婚姻问题的代罪羔羊之创伤，如同本文中的孩子那般。

　　在这些创伤下长大的孩子，有些人会在日后的生命里，自尊与自我价值感持续低落，认为自己不重要、不值得被爱，否则父母当时为什么不要我、不在乎我的感受？

　　另外，有些孩子，因为担心自己的感受再度被重要他人忽略，或是为避免重要他人的离开（就像当时自己的父母一样），再度经验被抛弃的失落与创伤，而沿用"牺牲"的策略，委曲求全地留在关系里。

　　但亲爱的孩子，其实最该进咨询室的，是"该好好面对婚姻问题的父母"，而非"爱父母的你"。

　　父母应该意识到你有多担忧他们，多爱他们，多担心自己被任何一方抛弃；而非只专注在自己是否可以顺利离婚，是否可以取得你的监护权，却罔顾你对他们的爱与感受。

疗心练习与叮咛

　　当你正面临亲密关系或亲子关系的困境，并且有一些身心症状出现时，可以这么做。

◆ 自我检视

面对目前的关系困境，我是否常常觉得无能为力？

当我的身心出现症状时，关系中的冲突是否会暂时减缓？对方是否会因此暂时靠近？

在冲突情境中或冲突后，是否常伴随明显的担忧与焦虑情绪，并且害怕对方会离开，或不再爱我？

如果以上的指标是你所熟悉的，那么请记得问问自己：这些情绪经验，是从什么时候开始的？类似的感觉、相似的角色功能，通常出现在原生家庭里的哪些情境？

◆ 回头告诉当时的自己

亲爱的孩子，我知道你真的无能为力，所以只好出此下策。但这些，向来就不该是由你承受。而你，从此以后，不用再牺牲自己去救赎任何人、任何关系！不管是面对即将结束婚姻的父母，或是你未来的伴侣，都是如此。因为，每个人都该为自己生命中的选择负起责任、不逃避。

乖孩子受的伤，最重

—— 正直乖巧的孩子

在教育与辅导工作岗位上这么多年来，协助过形形色色、各式各样的孩子，在处理上大多已经得心应手，但唯独有一类孩子，曾有好长一段时间让我既心疼又难以找到介入协助的着力点。

他们是一群"正直又乖巧"的孩子。

有一回，与一位专业领域的资深伙伴谈起我对这群孩子的无力感时，他听完后问我："你是不是在协助这些孩子的过程里，仿佛看到年少时的自己？"

那一刻我才惊觉：原来，我的无力，是因为我曾经也在其中。我脑海里，想起了两件发生在我成长过程中的创伤记忆，而这两件重大事件，都在我的生命中烙下很深的印痕，大大影响了我日后的生命。

之一：归心似箭、乖乖排队，却一直上不了公交车的孩子

初中毕业以后，我所就读的高中离家里有一大段距离，所以必须住校。对一个十五岁不到的孩子来说，第一次离家独立生活加上课业上的挫败，压力大到让我直想逃离校园。

而每周六的返家，便成了我生活中最大的盼望。当时尚未实施周休二日，周六中午放学后，我用最快的速度回宿舍寝室收拾简单行李，直奔公车站，为的就是希望能够早点回到温暖的家中，以获得疗愈。

然而，有好多次，我午餐时间抵达车站，但回到家却已过晚餐时间。这段车程其实只要约一个小时，其余的时间都是因为排队等车时，当公交车一靠站，大家就脱队、混乱地一拥而上；而我，从小信奉师长所教"要按规定排队，不能插队"的原则，却眼睁睁地看着很多比我晚到的人搭上车离开。

看着几个与我同样遭遇的乖孩子，我心中除了无奈，还有更多的困惑：你们这些大人，不是都教我们小孩要守规

矩？为什么现实世界跟你们教的不一样？为什么没有任何成人出面说或做些什么，而任由这一切发生？

更令我自己难过的是：当我心里浮现这些问号时，我随即开始责备自己"怎么可以如此质疑师长？"

之二：乖巧尽责的孩子，却受到惩罚

另一个记忆，发生在我小学六年级。

我和另外三位同学负责打扫全校唯一的垃圾场。因为垃圾场真的很大，所以我们自己再做细部的分工，两两一组，分配责任区域。

那一天，是期末放寒假前的大扫除，我跟同组的同学，早早把我们两个人的责任区清理完毕，并且不断提醒另两位贪玩的同学，要在规定时间之内打扫完成，让老师检查。然而，他们没有完成，但因为已帮他们掩护过多次，我俩这次决定不再主动帮忙打扫，等到老师来检查，让老师处理。

"谁负责打扫垃圾场？到前面来。"过一会儿，出现在教室里的，不是我们级任老师，而是校长。

　　另两位贪玩的同学，依旧在操场上打球。在教室里的，只有我跟我的同组伙伴。我们两个乖乖地举手，并且快步走到校长前。

　　啪、啪，两声，清脆响亮。校长的大手掌印落在我们小脸上，红通清晰。

　　"马上去给我扫干净，等我过去检查！"丢下这句话后，他转身离开。

　　很多同学为我们抱不平，怂恿我们打电话回家叫家长过来"关切"，但我没有。我怀着羞愧的心情，回家前再三确认"掌印痕迹"是否还在，就是害怕回家后会被注意到。

　　因为幼时乖顺的我，总是被教导：学生被师长处罚，一定是做错了什么，否则师长不会胡乱打人。更何况是贵为"校长"，怎么可能会错？

　　我心里害怕："万一真的是我自己错了呢？""爸爸来过学校之后，又如何？我会不会被修理得更惨？"

　　我的生命，就带着这股复杂情绪，往前走。包括，我始终对"权威者"感到莫名的恐惧，无论是在求学阶段，还是在进入职场以后。

直到我自己投入心理咨询领域，踏上与自己和好的旅程。

心理师暖心分析

社会文化与教育，像是另类的父母，形塑着我们孩子的样貌。但孩子从中得到的，不一定全是涵容与滋养，有时也伴随着伤害。

面对这么一群听从父母师长、服膺乖顺"美德"，却反倒受伤害的孩子时，我曾经非常害怕他们开口问我："老师，乖巧、听话错了吗？"

在团体里，他们属于守规矩、安静的那一群，面对师长交付的任务与工作，也总能按照成人所教导的方式默默完成，让人很放心。这么一群各方面表现都相对稳定的孩子，其实是团体里很重要的一股安定力量，也鲜少会随人群瞎起哄；由于很怕给别人造成麻烦与困扰，所以他们极少主动出现在辅导室。

　　然而，他们的高自省能力、正直、乖巧，却也时常使他们心理受伤而不自知，即使受了委屈，仍以为是自己的错，着实令人不舍。

　　渐渐地，我终于明白：何以面对这些孩子的提问，我会如此焦虑？

　　或许我真正害怕面对的，不只是这些孩子，而是在这些孩子身上，隐约看见那个十二岁与十五岁的自己，带着红通的脸颊、哭肿的双眼，一边自我怀疑，一边对主流教育价值框架控诉：

　　"老师，为什么这个世界跟你们大人告诉我们的完全不一样？""为什么被惩罚的，不是贪玩不守规矩的，而是乖巧听话的？这示范着什么价值？"

　　曾有好长一段时间，我除了心疼不已，很想好好拥抱他们之外，面对他们的困惑，我几乎无法招架。因为这些孩子确实长成了我们主流教育刻意形塑的样子，但是包括在校园里、在社会环境里，他们却常常适应不良，甚至没好好被善待。

089

但是，亲爱的孩子：你真的值得更多的疼惜。

你不需要更多的"保护"，而是在你对社会怀抱希望，对生命友善，却又感到挫败的同时，可以有人愿意理解你的难过与失望，并且带你一起真实地看见：除了失望与难过，我们还可以做什么。

就像，当我自己在历经十余年，也成为一名教育工作者后，每每思及十二岁时的那一巴掌，我的左脸颊仿佛还灼热，情绪仍有波动，但我确信：我的学生会比当年的我幸福，因为他们即使犯错，也会有个老师愿意好好听他们解释与说明，理解他们的故事；他们更不会因为安静，不习惯为自己辩驳，而遭受误解。

说来奇妙，当生命经验经过转化，并从中长出力量后，记忆里那十二岁与十五岁的小男孩，也间接被安顿与疗愈了。

疗心练习与叮咛

◆ **疗愈书写**

一、写下自己曾因为乖巧、顺从而感到委屈或受伤的事件

1. 事件发生在你几岁的时候？

2. 在这些事件的背后，真正让你感到受伤或委屈的是什么？你心中有什么疑惑？

3. 当时的你，最期待谁出现协助？你希望他可以做些什么？为什么？

二、如果邀请"现在的你"对"当时的自己"说些话，你会想说些什么以好好陪伴、支持他？

三、回到现在

现在的你，长大了，也拥有更多改变所处环境的资源与能力，可以如何善用这些力量，以协助与你类似处境与经验的孩子少些辛苦？

"爱的匮乏"，要用爱来填补，而非用"成就"，因为那永远没有填满的一天。

许多父母，不自觉地
把孩子当成"情绪伴侣"

—— 陷溺于仇恨情绪的孩子

他是由太太陪同过来的。虽然太太在咨询室里不太开口说话，但是她脸上的担忧，一览无遗。

因为他们家刚经历一场官司。而这场官司，险些危及他们的家计。

父亲病逝的谜团

他是个地政单位的公务员，大学毕业后没多久即顺利考上公职，人生历程堪称平顺。对他而言，自小相依为命的母亲是他生命中最重要的精神支柱，所以穷尽努力想让妈妈早些享清福，过过好日子。

至于父亲，在他还懵懂无知的幼儿阶段即因病辞世，来不及陪他好好长大、见证他的成就。

对于父亲的离开，年幼的他曾数度向妈妈问起，妈妈总是带着几分哽咽回答："爸爸生病的时候没有遇到好医生，所以病情被延误了，没能救回来。"

后来发现每次聊起父亲，妈妈总是难过得无法自抑；他不想看到母亲难受，便极少再提起。

但这一切，在他甫入初中之际，产生了剧变。

升上初中一年级后，学校办了亲师座谈会，在家长自我介绍时，妈妈意外从另一个母亲的口里听到了一个熟悉的名字："大家好，我是小翔的妈妈，我的先生是×××医师，在某教学医院的外科部服务。假使有帮得上忙的地方，请大家不用客气。"

她听到"×××医师"时，颤抖着身体，激动不已。

强忍着情绪，直到轮她自我介绍时，她勉强站起身来，颤抖地说："我是小志的妈妈，是个单亲妈妈……"

她举起手，眼眶里满是悲愤的泪水，指向小翔的妈妈，"因为小志的爸爸被她的先生给误诊害死了！"

顿时全场一片哗然，随即陷入一片死寂。

没人敢相信自己的耳朵所听到的内容。而这一幕，看在孩子的眼里，更是震撼。

成为孤儿，生命被仇恨充满

母亲不忍让孩子面对"同学的父亲，竟是害死自己父亲的凶手"如此残酷的事实，所以亲师座谈会后没几天，便把他转学到学区里的另一所中学。

时间飞逝，多年以后，努力不让母亲失望的他，大学毕业随即顺利考取公职，并且觅得一个很棒的伴侣，一起建立了家庭，让母亲很是欣慰。然而，婚后不久，本来与他相依为命的母亲即因长久操劳成疾，癌末病逝。

至此，他正式成了一个"孤儿"。在午夜梦回之际，常感到悲痛莫名。

母亲过世后不久，他意外发现小镇上开了一家新诊所，诊所负责人竟是当年害死他父亲的医师与他的儿子。

霎时间，他内心情绪翻腾不已，忍不住想道："如果不是当年父亲早逝，母亲也无须长怀忧恨、操劳过度，我此刻便不会这么早就成为孤儿了！"

　　他越想越气愤，脑海里不禁浮现初一时亲师座谈会的景象，认为一切的不幸，都是源起于当时父亲被那位医师误诊病逝。

　　仇恨情绪的驱使下，他开始在许多与医疗相关的讨论区或网站平台散播一些诸如"×××医师是庸医""×××医师杀人害命"等言论，或是留一些污蔑、攻讦诊所的留言。

　　几个月后，他接到了法院的传票：他被提告"诽谤罪"，并被求偿一笔为数不小的金额。

　　接到传票的他，又惊又气，太太则是又惊又惧。由于证据确凿，法院判决结果一如预期：诽谤罪名成立，但予以缓刑。庆幸的是：对方在民事上，最终仅求偿象征性的"一元"，合并要求案主登报道歉，并且在所有曾发表文章的网站同步贴上道歉内容。

　　他所服务的单位在获知判决结果后召开人事评议会议，并进一步了解其中原委。念及案主幼时的创伤且刚经历母丧，做出包含"需自费接受心理咨询"在内的保护性惩处决议；虽然暂缓升等，但至少保住了工作。

直至此刻，夫妻俩心中的大石，才缓缓落下，并来到我
这边。

究竟是谁的"仇恨"？

"心中被仇恨充满的日子，我想一定很难熬，很辛苦
吧？"我说。

"嗯……"他低头沉思了半晌，"还差点赔上了我自己的
前途。"

"差点赔上的，恐怕不只是你的前途……你看看你太太
担忧的神情就知道。"我刻意顿了一下，望向她的方向，"如
果再继续下去，可能连这个家都会陷入危机。"

两个人很有默契地一同报我以尴尬的苦笑。

"你有没有注意到，你的'仇恨'是什么时候开始的？
是爸爸过世后？还是妈妈过世后？"我问。

他搔搔头，沉思了一会儿，"这样说起来，好像是妈妈
过世后。因为爸爸过世时，我还很小，小到没有太多记忆，
所以关于爸爸的事情，几乎都是听妈妈转述的。"

"那么，你的仇恨，真的是因为父亲的关系？还是其实，是出于对妈妈浓烈不舍的情感找不到出口，而这对医师父子正好成了最好的对象？"我带着几分正色，缓缓地把每个字说清楚。

他再度陷入我熟悉的静默。

"也许，你真正该处理的，是失去母亲的伤痛。"临分别前，我做出这样的引导。

"仇恨"与"愤怒"，常是人们拒绝面对"失落""遗憾"的最佳伪装。只是当局者迷，有多少人能够看得清楚？

心理师暖心分析

在许多带着仇恨情绪来到咨询室的孩子或成人身上，我观察到一个很特别的现象：他们不一定亲身经历过他们口中描述的事件，但情绪的反应却仿佛亲身经历过那般。

我心中不免好奇：这些情绪是怎么来的？为什么可以描绘得如此深刻？

后来，我逐渐发现亲子间的情绪感染力，远远超乎我的想象。

例如：有许多父母，会习惯性地把孩子当成"情绪伴侣"，尽情倾倒自己在生活、工作、婚姻中的不满或怨怼，借以得到情绪的安抚与照顾。

对父母而言，也许只是单纯的情绪宣泄，然而对孩子来说，不一定有能力区辨父母所说的内容是属于"单纯的情绪宣泄"，抑或是"认真地寻求同盟"，且往往随着亲子间的关系愈加紧密，这样的情绪界限愈是难以划清，常见孩子误将父母的情绪当成自己的情绪而产生了扭曲认同，同仇敌忾地一起"抵御外侮"。

在孩子心中，那宛若一种"效忠"，借以争取更多的爱、认同与亲密感。

上述故事中的案主，即是一个典型的例子。事实上，他对父亲已毫无记忆，关于父亲的一切，全赖母亲的描述；对于父亲的离开，仅仅只残留"淡淡的遗憾"。然而，自幼为了与母亲的情绪同步，更贴近母亲，不知不觉中，他似乎也渐渐认同"父亲是被害死的"这样的说法，以便母子俩一起把矛头指向对方。

透过这方式，不仅母亲的情绪受到照顾，也满足了他自己"照顾母亲"的需求。这却使得他自己更难以面对"失去母亲"的哀伤失落情绪，持续停留在"否认（Denial）"的阶段（见文后注），并伪装成"仇恨"的样貌出现，导致生命停滞不前，甚至差点付出无可挽回的惨痛代价。

疗心练习与叮咛

亲子间的情绪垂直感染力，让我们时常感受到来自父母亲的负向情绪，并在未经觉察的情况下深受影响。

对孩子而言，"辨识这些情绪"成了很重要的课题；对父母来说，则是透过自我觉察，避免把孩子当成"情绪伴侣"，让情绪污染了孩子。

情绪类别	对自己生活的影响	如何受父母影响	其他反应选项
仇恨、愤怒	当自己感受到委屈、失落时，容易被仇恨与愤怒情绪充满，而难以面对哀伤与失落。	母亲难以走出丧偶的伤痛并且不断告诉孩子"这一切都是别人害的"，以此方式为自己的情绪找到出口。	正视并处理"哀伤、失落"情绪，先于"仇恨、愤怒"情绪。
过度焦虑	面对压力情境，时常让自己失控到无法发挥该有的能力水平。	父亲遇到压力时，时常焦躁不安、歇斯底里，失去原有的判断力，也会飚骂孩子。	凝视自己的焦虑，探究焦虑情绪来源与合理性。

◆ **给孩子的疗心练习：为"情绪"立界限**

1. 将自己生活中常出现的负向情绪列出来，并检视它们对自己的生活，甚至生命的各种影响。

2. 这些情绪如何受父母影响？

3. 面对容易诱发自己情绪的情境，除了原先的响应方式外，还有什么选择？

◆ **给父母的疗心提醒**

1. 父母的"情绪伴侣"，该是另一个成人（例如伴侣、手足），而非情绪区辨能力不足的孩子。

2. 当你的情绪屡屡失控而无法停止负向循环，且时常严重影响你生活时，请寻求专业人员的协助，而非仅仅找寻支持与倾诉的对象。

注：一般人在面对哀伤失落时，常见以下五个阶段状态（Kübler-Ross，一九六九）：

1. 否认（Denial）：拒绝接受所爱的人离去的事实。通常是面对重大失落事件时，第一个出现的状态。

2.愤怒（Anger）：对于"为什么是我所心爱的人？"或"为什么是我们家？"感到极度痛苦与无法接受。

3.讨价还价（Bargaining）：我是不是还可以多做些什么，以避免所爱的人之离开？或是产生类似"如果可以，我愿意拿我的生命来交换"的想法。

4.沮丧（Depression）：体认到事实的不可逆，对所爱的人之离开感到绝望、断念。

5.接受（Acceptance）：慢慢接受事实，并逐渐重新适应逝者不在的生活。

第二章

原生家庭的伤害，
像生命里的黑洞……

懂事的孩子 ≠ 不需要爱

—— 如影子般存在的孩子

"人家都说双胞胎会很像，但我跟哥哥的个性完全不同。"他说。

平心而论，双胞胎要同时考上我服务的学校，不是件容易的事情。

但每一两年，校园里就会出现一对双胞胎兄弟档。在我执教生涯里，大约遇过近十对，就属他们这一对让我印象最深刻。

我本来只与哥哥谈。那是在高一上学期末，导师陪同家长过来找我，希望我介入协助。

咨询室中，家长不断强调：哥哥从上高中以后，状况层出不穷。

我的工作经验告诉我：一个孩子，通常不会在上高中以后才突然出现状况，更何况是入学到现在，一个学期都还没过完，就出现一箩筐翻墙逃课，与同学及师长冲突这一类被学校视为重大违规的事件。若非是上高中以后，遇到重大事件（例如课业挫败、家庭或亲子出现状况），导致剧变，要不就是父母对学校有所隐瞒。

果然，在与哥哥谈过后，发现他对"被辅导室约谈"这种事很熟悉，所以没有太多的拒绝，只是常显露出一副满不在乎的姿态。

"老师，我初中就已经是这样啦！又不是上高中才变这样的。约谈我没关系啦！反正我习惯了。"他语带讪笑，豪气地说。

我心理有谱，知道这谈下去，大概要拉长战线，长期抗战。孩子的状况既已持续多年，又怎能期待改变的发生只需一两个月？

懂事的孩子，努力不让爸妈操心

只是有件事我一直很纳闷。

两个双胞胎兄弟，一个是教官室与辅导室的常客，另一个在爸妈口中，极尽"乖巧、听话、懂事"，完全不用他们操心。个性落差这么大的兄弟档，我不是没看过，但双胞胎兄弟倒第一回遇见。

这引起我很大的好奇，总觉得其中会有些故事，所以决定会一会这位双胞胎弟弟。

谦和有礼，脸上堆满笑容。 这是我对他的第一印象。所以"好学生、好孩子"这样的词，加在他身上，我一点都不意外。

反倒是他自己，被我找来，有点戒慎恐惧。

"老师，怎么了？是不是我哥又出了什么事？"他语气略显焦急。

"没！跟你哥无关，我只是单纯想找你聊聊。 听起来，你以前常常因为哥哥的事而被找去问话，是吗？"我问。

他松了一口气，"也不算常常啦！但若被约谈，真的大多是因为哥哥的事。"

"那你自己的事呢？"我看着他。

"我？我没事啊！爸妈光烦我哥哥的事，就已经快被烦死了。 他们很辛苦，所以我不想让他们还要操心我。"

这句话，从一个十六岁未满的孩子口中说出来，验证了他父母口中所说的"体贴、懂事"，成就了一个好孩子的典范。

但听在我耳中，他的早熟，却令人感到一阵心酸。

"我知道你很努力不让爸妈操心，他们也的确是这样描述你的，说你很乖，很独立，几乎不用花时间照顾你。"

最后一句，我刻意加重语气。

"喔！"他表情闪过一丝落寞，但没有停留太久，随即又挤出旁人所熟悉的笑容，补上一句，"那很好啊！"

"你对你爸妈的确是很好，你哥哥也有爸妈与一堆师长关心。那你呢？生活中，谁可以对你好？"我问。

过早亲职化的孩子

他皱起眉，看得出来很认真地在想我抛出的问题。

不等他回答，我接着说："哥哥重要，但你也很重要。我知道你体贴爸妈辛劳，不想他们操心，所以我们折中一下，若你有事情需要讲，可以来找老师讨论，我们一起来筛选哪些事适合让爸妈知道，以及要怎么说，你觉得如何？"

面对一个凡事都先想到别人的孩子，有时候半勉强式的给予，反倒适合。

"真的可以吗？"他怯怯地问。

听在耳里，又是忍不住一阵心疼。

成熟懂事的孩子，"稳定"的特质容易让大人误把"不需要操心"与"不需要爱"画上等号，而使他们感受到被忽略，仿佛变相被惩罚。然而，这样的孩子，不是应该值得我们更多的疼惜与感谢？

令人心疼的是：无论在咨询室里，或是在教育现场，我都看到好多"过早亲职化"的孩子，用"孩子的身份"，在家庭系统里扮演"照顾父母"的角色却不自知；即使在心理历程上孩子满足了自己的价值感，但是"价值感"终究无法填补"失落感"。

因为，一个是透过"给予爱"去确认自己的存在（价值感），一个是因"感受不到爱"而衍生的自我怀疑（失落感），无法相互替代。

心理师暖心分析

与家庭一起工作，进行会谈时，常会发现：在家庭里，当有一个孩子出现状况（例如生病、障碍、在学校出现问题），父母亲常常倾全力去救助有状况的孩子，以至于耗尽心力，无暇关照其他孩子。

这时候，其他的孩子会出现两种常见的选择：

第一，抱怨父母偏心、不关心自己，会主动讨爱，虽然可能被贴上"不懂得体谅父母"的标签，但因为行为外显，声音容易被听见，也较懂得在向父母要不到爱后，要另寻出口。

第二，成熟懂事，知道父母没有多余心力可以照顾那么多人，于是穷尽心力让父母放心，希望他们无后顾之忧，得以倾全力照顾有状况的手足。虽然理智上会不断告诉自己"父母不是故意不爱我，实在是力有未逮"，但在认知上，有些孩子还是容易不自觉衍生"我不重要，否则爸妈为什么只关心哥哥（或其他手足），不关心我？"的信念，以及伴随而来的矛盾情绪。

这样的信念，如果延续至后来的亲密关系，认为自己不重要，往往习惯在关系里牺牲或退让以成全对方，不敢感受太多自己的情绪，在关系中自己的声音与需求不见了，甚至不敢开口要，怕造成对方的压力与负担！

就像幼时的自己在家庭里扮演的角色，以及怕造成父母的负担那般，仿佛是种"影子"般的存在：没有声音地默默跟随、守护家人，容易使人忽略"成熟的孩子，终究仍是个孩子，同样需要爱与关注"的事实。

成熟的孩子，大多性情稳定、富有耐心，也很愿意包容与接纳有状况的手足。而这样的孩子，台面上看似在照顾手足，事实上也间接透过"牺牲"与"成全"，变相照顾疲于奔命的父母。

疗心练习与叮咛

◆ 疗愈书写

一、拿出一张白纸，绘制"家庭成员关注焦点"关系图

1.在纸上绘制圆圈，每一个圆代表一位家人；圆圈越大，代表在家里的重要性越大。

2.将每个人关注的方向与焦点，以箭头表示。

3.在线条旁边，写下"表达关注或照顾的方式"。

二、疗愈书写之一

看着自己所画完的关系图，写下自己的洞察！特别是聚焦于洞察自己在家庭中的角色，以及身在其中的感受。（见第113页图）

三、疗愈书写之二

给家人的一封信。正视自己对"爱与关注"的需求，并书写下来，目的是让家人知道你有看见父母的辛苦，也愿意体恤；同时也帮助你自己与父母、手足看见你为这个家庭的付出与努力，但并非制造父母的愧疚感，掉入另一个负向情绪的循环里。最后，肯定自己在这个家庭里同等重要。

◆ "给家人的一封信"示例

> 亲爱的爸妈：
>
> 　辛苦了！一直以来，我知道你们因着哥哥的事而疲于奔命，所以几乎无暇顾及其他事情、其他人，这一点，我看在眼里，也很清楚明白。

所以一直以来，我很努力照顾好自己、不想让你们还要为我操心……（以下略）

你们知道为什么吗？因为：我爱你们，所以很愿意一起为这个家付出、一起努力。只是，有时候难免还是会失落、孤单，觉得自己没那么重要，甚至会偷偷羡慕起哥哥能够拥有你们完整的爱与关注；而每当我这样想的时候，心里不自觉会升起一股罪恶感！责怪自己太不懂事，太不成熟……（以下略）

虽然你们从没开口告诉过我："孩子，你跟哥哥一样重要！"但我一直告诉自己：你们只是忙累到忘了说，不是吗？至少我心里是这样认定的。

不为什么，只因：你们是我的家人，我爱你们。

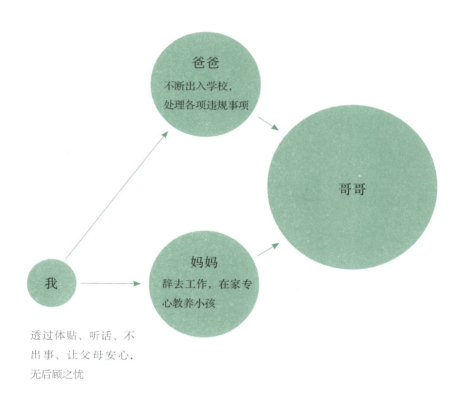

【家庭成员关注焦点】关系图示例

父母辛苦大半辈子，
我怎么可以如此自私？

—— 被剥夺选择权的孩子

独子的纠结

从我懂事以来，"你要当老师"这样的声音来自四面八方，不绝于耳。

升大学的志愿卡上，有六十六个志愿可填，我填了五十五个，将所有师范大学、师范学院填过一轮，足足绕了台湾两圈，没填半个普通大学的科系。

大学一年级时，我就知道惨了！因为不确定这科系是不是我要的，完全无心在课业上，学业成绩在班上倒数前三，间接开启了我在大学期间持续好久的情绪低潮。

直到大学毕业前一年，我选修了"家族治疗"这门课，意外一头栽进"家庭系统理论"领域，跟着我很喜爱的指导教授郭丽安老师学习结构学派家族治疗，用在解构我自己与原生家庭的关系，我才深刻理解：原来，独子的角色，让我与原生家庭的关系界限如此的纠结，浓烈到化不开，也因此无力抵挡家人（尤其是父母）对我个人界限的侵扰，包含"生涯抉择"。

对自己的批判

于是，虽然我心里对于成为一个教育工作者有很多美好的憧憬与想象，自己也准备好，告诉自己最终仍会回到教育岗位上；但在完成一整年师资培育实习后，我却半赌气似的，毅然决然做了一个令他们难以接受的决定："逃离教职"。

然而，内心持续有一股声音回荡着，批判自己"我的父母为了我们几个孩子辛苦了大半辈子，我是唯一一个有机会不用令他们操心的，也是他们下半辈子的仰望与依靠，我怎么可以如此自私？"

那种挣扎与矛盾，是一个生在传统闽南家庭，自小乖顺成习的独子，才会懂的痛苦。

及早树立界限

随着一封封因缺考而零分的教甄成绩单寄到家里，我读得出来他们眼里的失望与失落，我内心的罪恶感油然而生，差点又跌了回去。"亲爱的爸妈，我很愿意孝顺你们、爱你们，但生涯是我自己的，这是两码子事，不应该混为一谈。"

我在心里不断对自己说："如果树立界限的过程，难以避免让你们感到难过与痛苦，那么，何不趁你们还有力气因应调整时，及早开始？否则，对你们不也是种残忍？"

然后咬着牙，心一横，大步往前走。

说来微妙，有很长一段时间，我以为自己没得选择，这辈子大概就这样了，充满着独子宿命的无奈。但在那一次的"不听话"之后，生命突然变得无比宽广与开阔，充满各种可能，逐渐长成我自己喜欢的样貌，而非我父母喜欢的样子。

父母习惯我的"不顺从"

一段时日后，我按自己的规划回到教育岗位，返回高中母校，从事青少年辅导工作，但我心里清楚明白：回来，是为了我自己，而非为了我的父母，并且甘之如饴，徜徉其中。

这些年下来，我的父母依然会出于惯性，试图干预我的婚姻关系或育儿教养，但他们也渐渐习惯我的"不顺从"，意识到他们有"关心的权利"，但没有"主导的权力"，被迫放手。

努力维持原生家庭、自组家庭间应有的界限，虽然艰难，但我已看见曙光，以及他们愿意开始学习尊重。

心理师暖心分析

许多咨询心理学家都认同家庭是一个复杂的情绪与互动系统，大多数个人或家庭成员的心理困扰，是家庭系统运作问题的副产品。

其中，"界限"（boundary）的概念，更被广泛运用在诠释与理解家人互动与一般人际关系。我们口中常说的"分际拿捏不准"或是"管太多""捞过界"，其实都是"界限"出了问题。

　　而"界限"在家庭里与家人间，则常见以"剥夺、侵犯，或僭越责任与权利"的样貌呈现。

　　例如，最常听到的"直升机父母"，即是父母透过僭越界限，代孩子出面解决问题，间接剥夺孩子学习为自己负责、成长的权利。孩子习惯被照顾得无微不至，连上学东西忘了带，都认为是爸妈的错；或是直接介入主导孩子的生涯抉择，无论是升学、工作、婚姻、育儿，孩子久而久之也误以为"做决定"不是我的责任，是爸妈的工作，所以我不用为自己的生命负责。

　　甚至"爸妈时常告诉孩子，我不快乐都是因为你"，让孩子误以为自己需要为父母的情绪负责。

　　在强调家族观念、期待紧密融合的华人社会里，界限相对薄弱与模糊，上述的状况更是屡见不鲜。

疗心练习与叮咛

　　假若你发现自己常常没来由地对父母有很多愤怒、不满，或是不合理的罪恶感，很多时候是你与父母之间的"界限"出现状况，致使亲子之间的情绪过度纠结。

此时，可试图从众多引起你情绪的事件中，找出跨情境的共同元素，问问自己"互动过程中的哪个部分，让自己这么不舒服？"大概即可窥知一二，再进一步思考如何调整或因应。

建立界限的过程，冲突、家庭气氛低迷（或情绪高涨）、情感的煎熬等，虽难以避免，但只要把握以下原则，可有效缓和，并缩短风暴期：

◆ **界限清楚，原则明确**

若把界限想象成一条无形的线，希望对方不要越线，那么就需得让对方明确知道"我的线画在哪里，什么样的情况下，会踩到我的线"。而当对方踩线（即使有时是出于惯性，而非故意）时，"温和却又不失坚定"地回应，以及不厌其烦地反复提醒，都能使那条线日渐清晰。

◆ 爱与界限，适度并存

心里清楚明白"我不喜欢你们的过度干预，但除此之外，我依旧是那位你们所爱，也爱你们的孩子，两者之间并无冲突"。并且在互动中实践，试着让父母感受得到。

避免父母过度焦虑于"孩子不再听话，冲突渐多，是不是不爱我们了？"因而情绪反应极大，甚至在心理状态上翻转成为"受害者"，以情绪勒索的方式，释放出"你这样做，让我们很难过"，引发子女的罪恶感而放弃好不容易建立的界限。

"树立界限"这条路，一旦踏上了，姿态再怎么不优雅，再如何艰辛，即使跌跌撞撞、咬牙苦撑，擦干眼泪后，也要把它走完。

因为，每一次的中途放弃与妥协，都像是在宣告："其实，我也可以不坚持。"会累加日后的艰难程度。

是爸妈对不起我，害我变成这样

—— 失能的孩子

　　那一天，我在报纸上看到了这个孩子与妈妈被采访的报道，嘴角不自觉漾起微笑。

　　转眼间，他已经大四，但我脑海里的画面，尽是他带着一股可爱傻劲的招牌傻笑，以及在他高一入学时，妈妈在特教转衔会议（注）上震慑全场的分享。

　　每年，我们学校大约会有八至十个，不同类别的身心障碍孩子新入学，展开他们艰辛的高中生活。接下来，我喜欢观察一件事：从每一次与孩子、家长的互动里，去感受"孩子的生活自理能力"，与"父母教养"之间的关系。我总认为，这件事比什么都重要，也几乎可以据此评估这孩子未来有没有能力照顾好自己。

　　以及，他用什么视框去看待这世界，看待他周边的人。

父母终会离开，要为孩子留下什么？

　　这么多年下来，有少数几个孩子让我印象极度深刻；他们成绩都不太好，属于勉强有大学念的那一类型，所以绝不是因为成绩好到让我跌破眼镜，而是他们的特质与韧性。

就像被采访的那个孩子，重度自闭症（当年重度的有两位，他是其中一位），初三升高一的暑假，一确定入学，妈妈就带着他来到学校，从教务处、学务处开始拜访起，最后来到辅导处。

如果单看妈妈这种未雨绸缪的动作，有些师长除了肯定家长的用心，还会担心"这个妈妈，会不会是直升机父母？怎么才一确定入学，离开学都还有一大段时间，就急着为孩子做这么多？"

后来，我懂了。当天，是妈妈第一次带着孩子从家里出发，循着未来孩子要上学的路线，包含骑脚踏车、等公交车、搭公交车等，换不同交通工具，再走一小段路，进到校园来，并且带着孩子熟悉各行政办公室的位置。

这一段路，对我们一般人而言，走过一次，就会像计算机开启常驻程序一样，每天自动执行，过程中无须思考，都可以到得了学校。

但，对于一个自闭症的孩子来说，"从家里到学校上学"这段路有多复杂，非我们所能想象。所以整个暑假，母子俩每天都在做这件事情。

直到开学前一周，妈妈试着放手，让孩子自己走，而她悄悄跟在孩子后面，跟了一整周，确定孩子没有问题，接着完全放手。

开学第一天，这孩子就在完全没有家长陪同的情况下，自己独立上学。长达三年，风雨无辍。

收起眼泪，训练孩子自理能力

新生入学后的第一次转衔会议上，她这么分享她与孩子的故事。

"当我听到医师告诉我：'这孩子能学会生活自理能力，就很不错了，别期待太高。'我当下崩溃！自闭症的孩子出门，看见陌生、新奇事物，都会又叫又跳，我因此被旁人指责'不会教孩子'更是常有的事，来自长辈的责难，就更不用说了。我们一边努力地带他四处求医，一边带着愧疚感走了好多年，却发现孩子的情绪一直不稳定，进步得很慢，我也跟着挫败、沮丧。有过一段时间，需要靠药物治疗（忧郁）。"

她说到这边，全场已是鸦雀无声，全都将眼神投向她，聚精会神。

她接着说："后来，我意识到自己与孩子的生命几乎完全停滞了好多年，我想到万一有一天我们突然走了，他就只能这样，那该怎么生存？于是，我收起眼泪，把愧疚感放一旁，把握机会，专注在训练他的生活自理能力。同一件事要练习十遍、百遍都没关系，只要能一件一件慢慢学会，多学会一个能力，他就可以更独立、更安全一些。上初中后，他第一次自行上学，我偷偷跟在后面，直到他进学校。回程的路上，我激动到一直哭、一直哭。"

在场，有很多师长与家长，眼眶也都跟着红了。

包含我自己，眼前已一片模糊。

心理师暖心分析

这些年下来，这些孩子的故事，这些亲子互动，都不断地告诉我，向我强调一件事：带着愧疚感教养孩子的父母，很难教出"独立"与"具有同理能力"的孩子。

而这个现象，不只是在这些孩子身上看见，我更发现：几乎所有家庭，不管父母是因为什么原因而带有愧疚感，都常见如此。

即使他们尽力给了孩子满满的爱，但依旧觉得自己补偿得不够。世界上没有人比父母更希望孩子能够健康、快乐长大，所以父母会有很多的遗憾与心疼。但孩子是很敏锐的，他们会从与父母互动的过程里，感受得到他们的愧疚感与亏欠，并且真的容易误以为"是爸妈对不起我，害我变这样"。

愧疚感，像是"船的锚"，会沉重到让家庭的生命之船无法往前航行，一直停滞在原地，直到腐锈，也会阻隔家庭成员间情感的流泻，真实的接触，并且扭曲了"爱"的本质，让爱难以被感受与看见。

疗心练习与叮咛

◆ 给"来自于父母怀着愧疚的家庭长大的孩子"的心理
提醒

当"愧疚感"成为一种情绪勒索，遭啃噬的是自己的
生命。

我们的愤怒、不平，常常伴随父母对我们的愧疚感而
生，但我们却不自觉。他们的爱，时常被愧疚感扭曲而变
质，因而感受不到他们的爱，以为他们不爱我们。

不管他们对我们多好，付出多少，不愿领情，不想感
谢，内心总会有一股声音：这是你们理应对我的补偿。

接着，从一次次的互动里，更加巩固"你们要为我的
处境负责"之信念，忘记他们会比我们更早离开这世界的事
实，不愿面对有一天我们不再有人可以责怪的失落。

如果可以，他们会很愿意帮我们负责我们的生命，甚至代我们过这一生，因为不忍我们这么辛苦，也可卸下一辈子压得他们喘不过气的愧疚感。

世界上没有人比父母更希望孩子能够健康、快乐长大。原因无他，只因为他们是我们的父母，如此而已。

◆ 给"家庭中主要教养者或其他家人"的心理练习

如何辨别自己的付出，是"源自于爱"？还是"源自于愧疚感"？"源自于爱"与"源自于愧疚感"的付出，往往长得很像，但心理的回馈机制却大相径庭。

唯有从生活中的互动，练习辨别自己的付出是源自于"爱"或"愧疚感"，才能增进自己的觉察，避免自己总是带着愧疚感面对家人或孩子。

两者间的差异在于：源自于爱的付出，会得到的是"正向能量的满足与幸福感"；源自于愧疚感的付出，会得到的则是"暂时削弱的罪恶感"。

一开始的辨识练习，可在付出之后自我检核：付出完后，得到的是"正向的幸福与满足感"，抑或是"暂时削弱的罪恶感"？

假以时日，觉察能力提高后，将辨识的时机点提前至"付出之前"，问问自己：按过往经验，付出后，可能会得到的"感觉回馈"是什么，再决定是否要做，或是可以如何调整。

注："特教转衔会议"乃为协助身心障碍孩子于求学阶段转换时，教育资源得以顺利衔接的会议。

他始终用"那个男人"称呼爸爸

—— 守护家人的孩子

"老师，您还记得我吗？"我望着眼前这张曾让我印象极为深刻的面孔，一时半刻却唤不出名字来，心中着实小小地挫折了一下。

当年在我的课堂里，他自告奋勇担任小老师，尽责又细心，实在很难让人与他现今粗犷的外形联结在一起。

他身材不算高大，但体格精实，尤其是那身黝黑的皮肤，在同学之间更显突兀。出身自农家的我，直觉以为同是农家子弟，因放学后与假日要帮忙农务，所以才晒得一身黑。

"老师，我家养蚵，靠海吃饭，所以才会晒得这么黑啦！"原来，他家就在我祖厝隔壁一个靠海的聚落，以养蚵闻名。

通过孩子的"观察期"

起初，我只是觉得这孩子特别得我缘，下课除了常来帮同学询问与课程、成绩相关的问题外，也喜欢陪我走回办公室，有一搭没一搭地闲聊。

还有另一个引起我特别注意之处：在一次，我让学生互相给回馈的小活动里，他收到的尽是"有正义感""见义勇为""很照顾人"等这一类的回馈；他虽不凶，但班上同学都敬他三分。

有一天，他突然出现在我座位旁，怯生生地问："老师，我可以跟您约一下时间，谈一下吗？"

后来，我才知道自己通过了他的观察期；知道的那一刻，我忍不住倒抽了一口气，心里捏了把冷汗："万一我没有通过他的信任度考验，那这孩子该怎么办？可以去找谁求助？"

互控家暴的父子

他出生自一个家暴家庭，施暴者是他的父亲。原先父亲的施暴对象仅限母亲，直到他进入青春期，开始会回嘴之后，爸爸也会揍他。

"我永远忘不了，'他'第一次扁我的时候，妈妈不知道哪来的力气，拼命想拉住他；但是，个子娇小的妈妈力气怎

么可能敌得过他？所以，后来只能眼睁睁看着我被扁，然后
我们母子俩才抱在一起哭。"

　　自始至终，在他的话语里，从不曾出现过"爸爸""父
亲"等字眼，都是用"他"或"那个男人"来称呼。在一个
自幼从父亲身上感受到的伤害远大于爱的孩子身上，看到这
样的反应，我一点都不意外。

　　可是随着他渐渐长大，有些事出现了微妙的变化，例
如：进入青春期后的他，身材急遽变高，加上他会下蚵田帮
忙，有劳动的习惯，所以也变壮许多；他自己没注意到这样
的变化，遑论总是醉茫茫的父亲。

　　前几天，父亲夜里醉醺醺地返家，一如往常发起酒疯，
大吼大叫，把全家人从睡梦中吵醒，对他与妈妈饱以老拳
后，还意图要揍妹妹，他顾不得自己身上的疼痛，冲到妹妹
前面挡了父亲一拳，接着把父亲压制在地上。

　　一夕之间，他被迫从"男孩"长大，成为有能力保护妈
妈与妹妹的"男人"。

　　最令他傻眼的是：隔天辖区警察到家拜访，表明父亲坚

持控告儿子对他家暴，还提出验伤单，让熟知这家人状况的警察频频直摇头。 这也是他来找我的原因。

"老师，我会不会有事？"他的脸上，又是无奈，又是担忧。

当着他的面，我打了一通电话给当地熟识的一位巡官了解状况，好让他安心。

而后，学校紧急安排了一个宿舍床位，以为安置。

"我如果住进宿舍，那妈妈跟妹妹怎么办？谁保护她们？"直至这一刻，他心里最挂念的，依旧是家人，而非他自己。

经评估后，尊重孩子想留在家里的决定，并协请辖区派出所多加关切。 而父亲大概是意识到儿子大了，有反击能力，反倒开始有所顾忌；加上警员的关注密度高，所以明显收敛许多。

家人，是他最大的悬念

他毕业后，我就再也没有看过这张面孔，直至今日。

　　十余年过去，他依旧守护着家人。前段时日，妹妹终于结婚，他满心欢喜地送妹妹出阁，心头也了却一桩心愿。

　　"那你自己呢？有什么打算？"我问。

　　"嗯？"他第一时间没反应过来，听懂我的问题后，头低了下去，轻叹了一口气，"只要妈妈与妹妹平安、幸福就好，我无所谓。"

　　"你确定这是妈妈与妹妹乐见的结果？"

　　我忍不住抛出这个问题，他再度语塞。

　　长兄如父的他，完全替代了那个失功能的父亲，却也令人心疼不已；而我相信，心疼他的，绝不会只有我，还有这些年来受他保护的妈妈与妹妹。

心理师暖心分析

　　在许多家庭里，因着亲代功能的丧失，所以很多孩子被迫提早长大，一肩挑起亲职功能；这样的情况，最常在长子与长女身上看见。

若是自愿投入"守护家人"任务的孩子，往往以家人的安全与幸福为己任，即使赔上了自己的婚姻、家庭，以及可能拥有幸福的机会，也在所不惜。

这样的孩子，在年幼时可能即已投入许多心力，保护家人的安全；随着年纪渐长，能力愈增，越期许自己可以提供给家人更多的保护与支持。

最令人心疼、不舍之处，在于他们很少为自己的生命或生涯打算，所有的规划，都绕着家人打转：因为担忧家人的安全，所以选择读书与工作时不敢离家太远，选择也因此受限；因为顾虑未来的伴侣在意他投入原生家庭过多心力，所以不敢恣意追求自己的幸福，以使自己能专注照顾家人，并避免夹在伴侣与原生家庭成员之间的两难。

等到父母辞世，手足离家，他们才发现自己的青春不再，并且因过去生活重心皆绕着家人生活打转，几乎等同于为家人而生，一时之间顿失重心，找不到自己的价值，更加不知怎么规划自己的生活，或是难以打开心房让另一个人住进来。

除此之外，还有另一种"非自愿"投入亲职角色的孩子，他们依旧奉献，始终付出，只是可能多了抱怨与不甘心的情绪，或是对于自己的心理状态多些觉察，体认到持续留下可能只会陷溺在更多的无力感，内耗更多的能量，所以在必要时，甚至甘冒"自私"的指责，选择暂时转身离开，立下界限。但他们心里很清楚：离开，是为了让自己更有力量回来。

但其实，无论你是选择留下或选择离开的那一个，只要这个选择是出于"爱"，过程都很煎熬、难受，都很需要被理解与支持，更重要的是：值得每一份感谢。

疗心练习与叮咛

◆ 倾听来自"被照顾者"与"自己内在"的声音

我们时常用我们自己的方式守护我们所爱的家人，却很少倾听被照顾者的声音。因此在前述的案例中，咨询师透过"你确定这是妈妈与妹妹（被照顾者）乐见的结果？"的问句来引导当事人去觉察：这些被我们守护的家人，他们的想法与感受如何？会不会过度低估或弱化他们的能力？

一、倾听来自被照顾者的声音：与被守护者对话

1. 他们希望看见怎么样的你？

2. 他们对于"被保护／守护"的想法与感受为何？

3. 如果可以，他们希望你怎么做？

二、倾听自己内在的声音：与自己对话，并写下来

1. 听完家人的想法与感受后，关于未来，你有什么新的想法？

2. 他们的声音，与你原先的想象，有何落差？这落差是怎么产生的？

3. 回想一下，上次你"为自己"规划与打算，是什么时候？关于什么事？

4. 如果邀请"二十年后的你"对"现在的自己"说一段话，你会说什么？会怎么看待现在的自己？会不会有遗憾？

5. 如果重来一次，你的选择会否不同？在心理状态上会有何差异？

寻求父亲肯定，却不断失落、受伤

—— 渴求认同的孩子

初认识时，他不过才十五六岁的年纪，但眼前的他，已年近三十。

温文儒雅，一身文人气息，是他给人的感觉；当然，成长过程里，不乏有许多人认为他缺乏男子气概。

这些话，无论谁说，他都可以不在意，唯独只有"他"。那个令他又爱又恨，满怀矛盾情绪的父亲。

多年来，我见过他的母亲很多次，但父亲，我仅仅见过一次。高中时期的他，深受忧郁情绪所苦，有一回在学校里情绪失控，平时担任主要照顾者的母亲人在外县市，一时半刻赶不回来，我才有机会见到父亲。

见到父亲的那一刻，我仿佛看到三十年后的他，无论神情、气质，或是谈吐。忙于稳定他的情绪之际，我仍忍不住多看了父亲几眼，讶异于父子俩有多相像。

唯一不像的，是外形：在壮硕的父亲身旁，原就略显瘦弱的他，更显瘦小。

父亲的落寞

"我爸一辈子信奉'孝',奉之为圭臬。结果把自己的一辈子也给赔上了……"他轻声叹息。

他说得一点也没错。父亲大学念的是名牌大学的土木工程系,毕业后直接到美国的常春藤名校读研究所。在那个年代里,他们家算是当地的望族:爷爷经营百货行,也做舶来品的进口生意,加上几代遗留下来的资产,爸爸及其兄弟姐妹,个个都是"放洋"的孩子,几乎全是医师、律师,或是跨国银行高阶主管。除了他爸爸以外。

所有的兄弟姐妹,在出国念书后都直接在当地落地生根,成家立业,没有人归乡,待在爷爷身边。除了他爸爸以外。

"若非当年爷爷把所有的子女都送出国,老了以后何须沦落到这个地步?"甫一说完,他像是惊觉到什么似的,急忙补上一句,"对不起!我怎么可以用这么难听的字眼与陈述,来描述我的长辈?"

这就是真实的他,自律甚严,期待自己时刻谨守孝道。与他父亲如出一辙。

家道中落的代罪羔羊

"爷爷的事业交到爸爸手上后，一如预期，生意一落千丈；兄弟姐妹全在国外，各拥事业。距离，让他们有了最好的理由，可以不用回来接这烫手山芋。"

"远房的亲戚、朋友私下都笑我们家'家道中落'，甚至讲得难听一点的，连'败家子'这词都出来了！我真为我爸爸感到不值。"

他略带愠火，却不轻易显露。

"我第一次听你亲口说为爸爸感到不值，不舍爸爸。"

他听到这句话后，给了我一个尴尬的苦笑。

儿子对父亲的殷殷企盼

"小学的时候，爸爸常嫌我太'娘'，看不下去，打我打得凶。长大以后，看得更清楚，我更觉得讽刺！"

他继续说，"他常斥责我不够 man，说我以后会被欺负，被人看扁。后来我才发现，台面上他斥责的是我，但骨子里，是对他自己的极度不满。不管他再怎么努力尽孝，仍一辈子让爷爷嫌弃与失望，认为他太懦弱，不够有男子气概，也撑不起家族事业。所以他看到我，就像看到他自己一样，觉得失望与丢脸……可是，难道他不知道他的肯定对我多重要？"眼角的泪水，诉说无尽的失落与哀伤。

"直到现在我经济独立了，在家里的发言权渐大，而爸爸越来越老，很多事要仰赖我处理。我发现自己时常对他很凶，感到不耐烦；对妈妈，我却可以很温柔。"

他停顿了一下，语气微扬，"可是，我怎么会变成这个样子？我以前很讨厌他这样对我，到头来却残忍地发现：我跟他根本同一个样，而且越来越像。"

语罢，他瘫坐在椅子上，陷入深沉的无助。

人，是种很微妙的动物。我们往往花了很多力气在避免自己成为跟父母一样的人（甚至在心里发毒誓），最后却常惊觉：原来，自己正一步步靠近。

"不过，有一点，你跟爸爸很不同：你有很高的觉察能力。虽然过去十多年来你也因此受了不少苦，但也确保：假使有一天，你有机会成为父亲，你会是个更棒的父亲。因为，你绝不会这样对待你的孩子，不是吗？"

他抬起头来看着我，眼泪已在眼眶里打转。

心理师暖心分析

幼时有很长一段时间，我非常在意父亲是否满意我的表现，深怕他对我感到失望；无论多少师长、同学的肯定，都抵不过父亲一句，"你表现得很好，让我们家很有面子，没有丢脸。"

迈入成年前期，我开始讨厌父亲近乎杞人忧天似的焦躁不安、唠叨、缺乏耐性、过度保守、欠缺决断与魄力等，直到年纪渐长，惊觉到许多我所嫌恶的，在父亲身上看到的特质，原来也出现在自己身上。

所以，这不只是那个男孩的故事，更是很多发生在你、我家庭里，或是咨询室里，我所听到许许多多的生命历程。

而在这些故事里时常看见：父亲，对大多数男孩而言，在两个向度上影响深远。

　　第一个是"家庭角色学习"。父亲，是大多数男孩在成长过程里的第一个男性成人典范。

　　男孩会从观察父亲在家中的角色，来仿效学习，如何扮演好一个"父亲"或是"成熟的男性"。

　　第二个是"寻求认同"。男孩大多很重视父亲怎么看待自己，并且积极寻求父亲的肯定，包含"成就认同"以及"性别角色认同"。

　　在成就认同上，总希望父亲认为自己表现够好，并且明确表示肯定；而在性别角色认同上，则是很在乎父亲是否愿意接纳自己的性倾向，无论自己选择了何种路径。

　　然而，许多父亲在其成长过程里，往往也带着自己的个人议题往前走。例如故事中的父亲，终其一生，不断寻求自己父亲的肯定与认同，却也不断失落、受伤。男孩，更是承袭了父亲得之于祖父的创伤，步上同等辛苦的路程。

疗心练习与叮咛

亲爱的你，面对这样纠结的亲子关系，以及来自关系中的伤害，别忘了：

一、将父（母）亲的个人议题，留给他们自己去处理

每个人都要为自己的行为与选择负起责任，更何况他们是成熟的大人，而非幼弱的小孩，也拥有绝对的行为能力。

我们的力气，需要保留给自己，因为每个人的生命都不容易，需要耗费你很多的心力去抵挡、阻隔，与疗愈。

二、时时告诉自己

有别于父母认为他们自己"没得选择"，我们绝对有选择的权利；他们或无心，或有意地伤害了我们，但我们可以选择不继续让孩子如此辛苦，并且终结伤害在我们这一代。

婆媳问题，
是丈夫在原生家庭亲子问题的延伸
—— 心有不平的孩子

委屈的媳妇，为谁辛苦？为谁忙？

自从结婚以后，每年的农历年节，几乎都是她的噩梦。

大年初二的午后，她一个人独自在厨房里，一边洗着满坑满谷的锅碗瓢盆，一边暗自掉着泪。泪水无声无息地滴落，轻泣声则被哗啦啦的水声淹没。

"我这么辛苦，究竟是为谁操劳？为谁忙？"她轻声叹息。脑海里不断回想除夕那天夜里，老公对她说的话："你怎么这么爱计较？多洗几个碗会怎么样？大过年的，为什么非得在这种日子争这个？"

想到这里，满肚子的委屈，让泪水再度像手边打开的水龙头般，止不住。

刚嫁进这个家的那一年，老公的哥哥仍未婚，她是这个家的唯一媳妇。第一年的除夕夜，她陪着婆婆忙进忙出，稍微转移了新嫁娘第一个年夜饭的焦虑，以及无法在娘家与爸妈过年的酸楚。

第二年的农历年，婆婆身体欠安，所以她一肩挑起厨房大小事。年节前，她曾一度跟老公提过："妈妈今年身体不太好，我怕我一个人忙不过来，我们要不要去餐厅外带年菜回来围炉就好？"

却被老公一口回绝："不可能！老人家吃不惯外头的年菜。"

从那一年开始，每个除夕，她都忙到深夜。一个人的厨房，传来客厅一家子大小的谈笑声，她只好把水声开得更大，以为听不到笑声心里会好过些。

她摸着鼻子，认了！因为这个"孝顺"的男人，是她自己挑的。只是，她也慢慢发现事情有些蹊跷。

孝顺的儿子，防卫的内心

她依稀感觉：坚守家园、守护父母的孝顺老公，似乎一点都不快乐。

他羡慕从小成就比他高的哥哥得以远离家乡打拼，有自己的事业，逢年过节偶尔回来看看老父母，老人家就欢欣鼓舞，开心到不行，也舍不得让大媳妇与宝贝孙子进厨房或帮忙做家事。大年初二，更是全家人一早拍拍屁股走人，回大嫂的娘家；独留下二媳妇招待那些返回娘家的小姑们。

他再回头看看自己：尽心尽孝，照顾两老，却被视为理所当然，丝毫不被珍惜。连自己的妻子、女儿，也跟着遭殃，一起辛苦。

但孝顺的他，不想让老人家不开心，总闷在心里，不曾跟任何人提过，包含太太。但他没料到：敏锐的老婆，其实将这一切都看在眼里，颇为老公抱不平。

今年除夕当天，他们自己的女儿发烧，太太分身乏术，心烦意乱下向先生抱怨了一句："为什么大嫂可以完全不用帮忙厨房的事？"得到的却是老公苛责"你怎么这么爱计较？"的回应，令她更觉得委屈与难过。

对他而言，自小"各方面成就不如哥哥"的自卑情结，使他更努力讨好父母，透过无微不至的照顾，希望博取父母的爱与肯定。因此，即使心里明明觉得父母偏心，却怎么也不敢把抱怨说出口。

甚至，当老婆一语中的，说出他心底最真实的声音时，不只连忙否认，还升起防卫，数落老婆一顿，仿佛深怕自己的怒气被发现。

"爱与肯定"的匮乏，需要被看见

"你知不知道把你在原生家庭中的处境看得最清楚的，是谁？"夫妻俩一起来找我时，我问先生。

"嗯？"他一头雾水。

在一旁的太太，脸上闪过一抹淡淡的忧伤。

我示意他转头看一下坐旁边的太太，他瞧了一眼后，"喔"的一声，头随即低了下去。

对于一个仍想在伴侣面前保留最后一点自尊的丈夫而言，会有这样的反应，我一点都不意外。

"你以为自己隐藏得很好，但其实你太太一直都知道，也为你抱不平。可是看你自己一直都没'发作'，她也愿意为你吞忍下这口气。"

　　我停顿了一下，各看了他们一眼，"老实说，就这方面来说，你们夫妻俩'忍耐的功力'倒是蛮相像的，真不愧是夫妻。"

　　夫妻俩对望了一下，相视而笑。

　　"这原先该是你自己与父母间的关系课题，但因为结了婚，又跟父母住一起，所以太太被迫一起面对。"

　　我一边说，太太一边频频点头。

　　"既然要一起面对，那你们就是战友与合作伙伴，需要对彼此坦诚说出真实的感受，而不用猜来猜去。来我这边会谈时，可以是一个练习的起点。"

　　结束整个咨询疗程后，大约又过了一年多，我接到太太打来的电话，但接起电话，传来的是先生的声音："老师，我们已经搬出父母的房子，在车程不远的地方买了属于我们一家三口的小公寓。"

　　电话的那头，语调少了几分沉重，多了几分轻盈。

　　因为，这对努力的夫妻，花了比预期还要短的时间，就达成咨询之初给自己设定的目标，连我都忍不住为他们感到振奋。

心理师暖心分析

原生家庭的成长经验，对个人影响甚为深远。甚至直到有了自己的家庭，依然看得到在自组家庭的运作方式或互动上，有着原生家庭的影子。

就像，在咨询室里时常观察到的一样：婚姻中的许多课题，是双方原生家庭议题的延伸。最显著的例子是令许多男性害怕的"婆媳问题"。

很多人说"婆媳问题"，本质上是"亲子问题"。这句话的意思是：大部分的婆媳问题，是因为丈夫与原生家庭父母间的界限原本就过度模糊与纠结不清，以至于婚后母亲仍习惯插手干预儿子自组家庭的事务，包含婚姻、经济、育儿教养等，忽略了这是儿子的家，而且这个家的女主人是那个叫作媳妇的女性，而非自己。

更关键的是：丈夫无力抵挡原生家庭对自组家庭的侵

扰，一如往常。而当太太意识到这一点，为了小家庭的未来与关系质量，开始想要出手搭救丈夫，划清两个家庭间的界限。这时候，身为婆婆就常为媳妇扣上一个"都是你害的！你还没嫁进来以前，我儿子都不会这样！"的大帽子。

于是，婆媳之间就充满浓浓硝烟味，冲突一触即发。而丈夫维持一贯"逃避冲突"的作风，以避免同时得罪"母亲"与"太太"。

所以，表面上看似两个女人之间的战争，但骨子里其实是丈夫在原生家庭里亲子关系议题的延伸。

然而，身为丈夫，又何尝乐意见到两个生命中的重要女性关系如此紧绷？但囿于个人的议题，不知该如何因应与面对。

就像上述的案例中，丈夫自小感受到父母的差别待遇，明显较疼爱向来表现比他好的哥哥。但孝顺如他，即使心有不平，却始终敢怒不敢言。所以当他看到太太为其发声，说出他自己长久以来的心声，当下的反应却是急忙否认，甚至斥责太太，以掩饰内心的罪恶、担心与害怕。

　　而类似的困境，也可能出现在女性与原生家庭的父母之间。

　　这种源自于原生家庭关系的纠结心情，其实很渴望被伴侣理解，只是大多未经觉察，也就难以适切表达出来。

疗心练习与叮咛

◆ 婚姻或亲密关系里的"原生家庭"议题觉察练习

　　在婚姻里出现的冲突，如果能经过觉察以辨别其源头，就不难发现有很多是源自于原生家庭的成长经验。

　　觉察之后，可帮助自己了解这些成长经验如何影响婚姻关系，而不致相互污染；甚至可以邀请伴侣一起讨论如何协助自己。

◆ 练习步骤

　　1.列出近期与伴侣间的冲突情境，以及在冲突中的常见对话与感受。

2. 回想自己在原生家庭里常出现的冲突对话与负向感受。

3. 检核上述两者之间的相似性。

4. 与伴侣分享，并明确表达期待对方可以怎么协助自己。

◆ 练习范例

1. 近期与伴侣常出现的情境与对话内容：

最近太太常叨念我各种大小事，我虽然知道有些只是出于好意提醒，但还是忍不住不耐烦地响应："你到底要念几次？可不可以不要再唠叨了？"以至于开启战火。

2. 原生家庭里常出现的冲突与负向感受：

我有个很爱叨念的父亲，感觉对我很没信心，怕我会没注意到细节或太粗心。这一点总让我感到厌烦，所以时常与父亲产生冲突。

3. 两者间的相似性：

当太太对我叨念时，容易唤起我心里对父亲厌烦的感觉，并解读为对我的"不信任"，导致迁怒太太。

4. 觉察到自己的情绪来源后，我坦诚地与太太分享这一

段原生家庭的成长经验，并请她只要提醒一次，无须反复提
醒，我也确信会留意并完成该做的事。

反正他们也不在乎我

—— 拒绝接受继亲的孩子

在智能型手机还没有普及，无法随时随地收信的年代里，每天一早若没有个案，我进办公室的第一件事，会先打开电子邮箱，确定有没有紧急待处理的信件。

这天，一如往常，我打开信箱，映入眼帘的是一封特别的来信。

主旨：哈啰，我是 Yvonne

信件内容：

> 哈啰！你还记得我吗？我是 Ann 的表妹，
> Yvonne。一年多前你帮我拍过婚礼记录，你当时
> 说，往后若我有什么需要，可以找你；不知道当时
> 的承诺，现在还算数吗？

我脑海里很快地浮现她的面孔，以及婚礼当天的场景。由于印象实在太深刻，她的婚礼也成了我此生参加过最难忘

的婚礼之一。

而且，我的确给过那样的承诺。

混乱的婚礼

那些年，我因着对摄影有很浓厚的热情，加上自己特别喜欢捕捉家人间情感的流动，尤其是像"婚礼"这种对家庭，甚至家族而言别具意义的场景，所以时常帮周边的亲友做婚礼的平面记录。

Yvonne 是好友 Ann 的表妹，也是她结婚时的伴娘，由于喜欢我帮 Ann 拍的记录风格，期待我也能帮她记录。

拍摄婚礼当天，发生了一件很特别的事。新人坐的主桌上，出现了一位"稀客"：新娘的亲生母亲。

直到那一刻，我才知道，原来 Yvonne 来自一个继亲家庭，喜帖上的"母亲"，是她的继母。

正当大家以为这是新人巧妙安排的桥段，并大赞这样的安排象征大和解，以及满满的"爱与包容"时，我观察到继母，这个名义上的主婚人，全场铁青着一张脸不说话，坚决不上台，也不敬酒答谢宾客，主桌的长辈们更是一脸尴尬。

顿时，我心中有不祥的预感。

果不其然，在新娘换装的空当里，父亲直冲新娘休息室。

"一定要把场面搞得这么难看吗？"

他走到女儿的身后，严厉地问。顾不得还有我与新娘秘书等外人在。

只见他的女儿，坐在梳妆台前，头也不回，看着镜中的父亲，冷冷地回："这是我的婚礼，这十几年来，我跟哥哥只能透过这机会吃团圆饭，为什么不行？你有一刻想过我们的感受吗？"

故作坚强的她，在父亲甩门离开后，整个人像泄了气的皮球似的，瘫软在椅子上放声大哭，哭到妆都花了。

为避免角色界限的混淆，我回到会场找来了新郎，陪伴与安抚新娘。

团圆饭，不只是团圆饭

当天，婚礼就在一整个诡谲的气氛中结束。一个月后，我约了他们夫妻俩，当面交付拍摄成品。碰面时，她仿佛欲言又止；我读懂她的犹豫，临别前只淡淡地对她说："我不只是你的摄影师，也是一个咨询心理工作者，你是知道的！如果后续有什么我帮得上忙的地方，可以直接跟我联络。"

就这样，一别就是一年多。就在我逐渐淡忘这事之际，收到她的来信，并与她约了时间见面。

"谢谢你愿意和我见面，也跟你说声抱歉：我当时真的不是故意不先跟你说的，你愿意接受这迟来的道歉吗？"她满是歉意。

我微笑点头，"如果当天都已经见识到你有多难受，我还责怪你，岂不是太没人性？"我说。她听完后，也忍不住笑了出来。

她说，父母在她初中时离婚，没多久爸爸就与现在的"阿姨"结婚，这让她和哥哥很不能接受。"那女人进我们家门之后，说有多苛刻就有多苛刻，而且毫不掩饰。连我们兄妹俩假日想去找妈妈，她也百般阻挠。我真没想过，这样的坏后母，不是小时候的童话故事里才会出现吗？怎么真的被我们遇上了？"她摇头苦笑。

更有甚者：兄妹俩都离家念大学之后，有过两三次，他们费心安排了一家四口的饭局，父亲一看妈妈在场，立刻转身，头也不回地离开，事后还飙骂他们"会害继母生气"。

"你知道那女人为什么敢这么大剌剌、毫不掩饰吗？就是因为爸爸从来没有为我们、为妈妈讲过半句话，连哥哥被打时，也是。"她的话语里，难掩气愤。

"所以，婚礼当天你才决定跟哥哥连手，以表达你们的不满？但那样的团圆饭，真的是你们想要的？"

她看了我一眼后，低头不发一语。

"或许，你们真正不满的对象，不是这个阿姨，而是随着妈妈的离开，对你们的爱也跟着一起消逝的爸爸。只是，这样的失落，一直没被好好地看见与疼惜。"

她再度抬起头来时，晶莹的泪珠已滑落脸颊。

心理师暖心分析

在继亲家庭长大的孩子，常常需要面对多重失落。

第一重失落，是"失亲"的遗憾与难过。常见于孩子的主要依附对象"过世"或是"因为离婚而离开目前的家庭"，导致孩子产生情感上的重大失落，因此而变得少话、郁郁寡欢、不容易信任人等。

第二重失落，是面对"继父（母）加入原生家庭后，家庭系统与结构改变"的适应困难。例如：很多孩子面对父（母）的新伴侣，在他们再婚前未必有足够的时间相处、建立关系；而对孩子来说，无法参与做决定的过程会令他们更显无助，心里不禁萌生"反正不管我喜不喜欢，也不会有人在乎我的感受与意见"之想法，所以更加排拒家庭里的新成员。

第三重失落，则是发生在"父（母）亲与新伴侣有了自己的孩子"以后。对一个需要适应继亲家庭的孩子来说，父母当中有一方与自己并无血缘关系，但他们所共同孕育的宝宝却比自己更有机会拥有父母双方完整的爱。因此，容易感受到"父母的爱有所差别"而失落。

上述案例中的家庭便是最好的例证。这对兄妹同时经历了"失去母亲的遗憾与难过"，以及"家庭系统与结构改变"，当父亲意识到孩子还不太能够接纳新妈妈时，出于善意，想帮自己的新伴侣多说些好话，试图说服孩子"新妈妈其实很好"。但在孩子的感受里，只觉得父亲"有了新人忘旧人"，为自己的亲生母亲感到不值；同时，孩子也感受到"不再被爱与信任"的失落，将所有愤怒与不满投射到继母身上，关系势必更加紧绷。

其实，孩子要的不多，他们需要的是失落能被理解，对"不再被爱"的焦虑能有人接纳，以及"有足够的时间好好从互动中去建立心理联结"，而非"催促"。

疗心练习与叮咛

◆ 给孩子的疗心练习：当自己的理想父母

对于原生家庭父母的分离，幼时的你可能会有很多困惑与负向情绪，或是对于再婚的那一方有许多不谅解。

你可以这样做：

1. 把你当时常感受到的负向情绪写下来。

2. 列出"伴随这些情绪出现的想法是什么"。

3. 想一想：这些想法背后的"心理需求"是什么？（如下表范例）

4. 如果你是父母，你希望孩子如何表达他们的心理需求？当他们表达之后，你认为较好的响应方式是什么？请把它们写下来。

◆ 给再婚父母的叮咛

1. 用孩子可以理解的方式，与孩子谈"离婚"或"死亡"。对于原生家庭父母之间的互动与关系，孩子看在眼里，

	情绪	伴随出现的想法	心理需求
范例一	愤怒	爸爸只会一味帮她说好话、合理化她的行为，心里根本没有我们！	想公平地得到爱与关注。
范例二	困惑难过	为什么你们离婚前完全没有跟我谈过，是不是不在乎我的感受？	"失落"能够被看见与贴近。
书写一			
书写二			

不是没感觉，只是还不知道该如何表达他们的失落、难过，甚至是愤怒。

刻意回避谈论这件事，他们容易在成长过程里衍生过多的想象，并影响长大后在亲密关系中的安全感。

2.孩子需要更多时间来接纳家庭里的新成员。对孩子而言，由于是被动接受决定，心理的准备度不若成人来得高，端赖更多的耐心与等待，请避免"催促"、"勉强"。

3.继亲父母要与继亲子女建立心理联结的最好方式，是透过一连串生活中的互动，让孩子确实感受到爱与关心，而非由原生父母代为出面说服，那会适得其反，将关系推得更远、更对立。

我们常常一边抱怨着父母，一边保护着父母，但心里面真正希望被贴近与被理解的，是我们对父母纠结的爱，而非那些抱怨。

如果不是因为你，
我早就离开那个男人

—— 目睹施暴的孩子

她又出现了。一如往常，没有预约。

在酷热的夏天里，她穿着薄长袖。很多女性基于防晒的理由会这样穿，但我知道她不是。

我瞥见她左边眼角附近有一处三至五厘米的撕裂伤；接着她拉起袖子，露出手上青一块、紫一块。

目睹施暴：看不见、说不得的创伤

从有记忆以来，妈妈就不断告诉她："当年，如果不是因为意外怀了你，我怎么会嫁给这个男人？"再长大一点后，知道妈妈过得并不好（一天到晚被暴力相向，怎么会好？），爸爸虽然不曾打过她这个女儿，但是每次光看着妈妈被揍的景象，她就常吓到躲进房间里，全身战栗。

"老实说，我怎么可能不同情妈妈？"她停顿了一下，深深地叹了一口气。

"可是，当我希望自己这个当女儿的，可以做些什么而开始靠近妈妈时，她又常把'如果不是因为你，我早就离开他了'挂在嘴边，我整个心就纠结到不行，自责到了极点。"

那种靠近也不是、离开又不舍的心情，怎么说、怎么做好像都不对的浓烈无力感，究竟有多揪心，在她的脸上，一览无遗。

"离家念大学的那四年，我才发现自己原来也可以那么快乐，也有享受开心的权利！快乐到完全不想接来自家里的电话，即使好几次手机语音信箱里传来妈妈近乎哭求我回去看看她的声音，我手机拿起来电话拨了一半，却始终没有拨出去。"

"我懂，那是种既牵挂，又怕再度被卷进情绪漩涡里的挣扎。"我放轻音量，淡淡地说。

婚姻，是逃离施暴家庭的快捷方式?

后来，大学一毕业，合理离家的理由消失，她又被迫回到家里。"但情况并没有改善，只有变本加厉。直到我工作上遇到一个还不错的男孩子，对我照顾有加，适逢自小缺乏父爱、母爱，又急着逃离家里的我，很快就坠入情网，半年不到，我就罔顾爸妈的坚决反对，决定公证。"

"这的确是个逃离家庭的策略，也颇常见。"我心中暗自这样想着。只是，我怀疑：大多数的人，是否可以王子与公主从此过着幸福快乐的日子？

"出嫁离家的那一天，妈妈眼见乞求我留下没有用，就恶狠狠地瞪着我；那个眼神，我想我这辈子都忘不了，仿佛在对我说：'你好狠心！如果不是因为你，我早逃走了；你怎么忍心丢下我一个人孤单地留在这个家？'"

她又轻叹了一口气，手上早已被揉成一团的面纸，根本禁不起她的拉扯。

她说，刚结婚的时候的确很甜蜜，她心想自己终于可以摆脱原生家庭、摆脱宿命。结婚后不到半年，因为她的工作表现向来比先生好，人缘也佳，所以被升为小主管，先生成了她的下属。当天晚上，几个同事为庆祝她的升迁，找他们夫妻俩一起吃饭，喝点小酒，但先生却喝得酩酊大醉。"大家都说，我老公一定是为了我升迁，开心到不行，所以喝得这么畅快。"她说。

"那天晚上，是他第一次打我。"她脸部看不出任何表情，就像在说着别人的故事。

"理由是：我在工作上的突出表现，完全没顾虑到他的尊严与他的感受，让他在公司里抬不起头来。"

"唉，又是个玻璃自尊心的男人……自己的尊严，为什么不是自己救？"我脱口而出这句话，意外牵动了她嘴角瞬间即逝的一抹微笑。

跳脱宿命，改写生命脚本

在那之后，事情发展每况愈下。男人动手打她的频率越来越高，间隔越来越短。

"我一度以为自己真的做错了些什么，甚至还想过：是不是因为我一直没有帮他生小孩？如果帮他生个小孩，会不会好一点……"

　　我听到这里，难忍愤慨情绪，想打断、修正她的认知，还来不及开口，她就接着说，"有一天晚上，我鼓起勇气照镜子，想确认一下自己脸上的瘀伤状况，看着镜中的自己，我惊觉：我非常瞧不起妈妈对爸爸乞怜的苦情样，而且厌恶至极，连娘家都不想回，但看着镜中的自己，我才发现那模样跟我妈有多像！"

　　"最后，我决定做一件跟妈妈不一样的事。"她说着，我猜着，而且我有自信八九不离十。

　　"我开始收集所有验伤单、录音，申请保护令。我妈忍受了她的男人二十几年，休想我会干这种蠢事。"

　　我在她眼里看到愤怒的力量，那是种反思后的觉醒，却又不失理智。

　　"根据统计，法院判决结果出来的前后时间，是施暴者施暴的高峰波段之一。他对你的'攻击'与'讨好'会交互出现，一切只为要你放弃离开。"

　　我多做了一些关于安全的提醒，以及叮咛她不要过度大意。

结束咨询前，我看见她的脸上，多了几分坚毅与希望，取代以往的黯然与忧伤。

我在个案记录上的最后一行，写上"已结案"。

心理师暖心分析

家有施暴父母的孩子，对于爱的感受，往往是匮乏与扭曲的。无论是直接受到暴力伤害，或是目睹施暴，皆然。

幼年时期，我们内心微弱的渴望，总是期盼着父母给我们更多的爱，却往往盼不到；很多时候，不是他们"不愿意给"，而是他们"没能力给"或"给不起"。

因为，他们可能也不曾被好好爱过，甚至受伤了，所以他们一边焦虑、无助，一边急于为自己心理的伤、承受的苦，找到一个往外归因、合理解释的出口，好说服自己"我也不愿意，但我没得选择"。

"若不是因为你"就是常见受暴父母会对子女所说的句型。

　　然而，是真的"没得选择"吗？还是，其实是成人不想面对"选择后的结果与责任"，而急于转移到他人身上，以让自己好过些？而我们，只是因为与他们最靠近，最爱他们而无设限，所以最受伤，而且因着年幼，还不懂拒绝，也还没能力分辨，照单全收，如此而已。

　　因此，当我听到"我决定做一件跟妈妈不一样的事"这句话时，内心涌现的感动，难以言喻。

　　我们时常忘记自己已经长大，也许二十六岁，或是三十六岁，不再只是过去那个只能默默承受、照单全收的六岁小孩，我们有能力与权利决定收下什么，不收什么。

　　于是，渐渐找回生命的主控权，重新拥抱不同选择，而非像我们的父母所说：我没得选择。

疗心练习与叮咛

　　如果在成年以后，依然常问自己"我一定是做错了什

么，否则为什么害大人这么难过？""我一定是做错了什么，
要不然爸妈当时为什么这样对我？"很多时候，是感受到来
自大人的责备或情绪勒索，而让你感到自责却不自觉。

这时候，可以问自己以下问题来取代上述两个问题：

◆ **在事件中，一个年幼的孩子的责任是什么**

　　例如：一个八岁的幼童，是该：

　　1. 被好好照顾？

　　2. 照顾好自己？

　　3. 反过来照顾成人？

◆ **在事件中，一个成熟的大人"应该"做什么**

　　例如：成人在做决定与选择的过程，是该：

　　1. 优先考虑"保护孩子"？

　　2. 优先考虑"保护自己"？

　　3. "以满足自己的个人需求"为优先考虑？

◆ **成人的指责，什么部分"合理"？什么部分不合理？**

　　例如：指责孩子生活懒散、学习不积极、不听话，算不算合理？

　　如果是指责孩子"因为他的不听话、不乖，所以爸爸才会抛下家庭，不顾婚姻"，又算不算呢？

　　时时将这些放在心上，除了可以帮助自己厘清情绪的来源为何，也能慢慢建立情绪与心理"界限"，将本不该属于你背负的负向情绪或责任返还给父母及成人。

　　而你需要做的，是开始练习为自己所做的选择负责，以避免在未经觉察的情况下，复制他们对你所做的"那些令你辛苦的作为"，再度加诸在我们所挚爱的孩子身上。

嫁人后，连原本的家都失去了

—— 浮萍般的女儿

一场车祸，翻转了一家人的生活

"老师，我哥让我过来找您，他说已经有跟您提过了。"合身套装，讲话简明有力，利落、无太多余的装扮。她，比我想象中的还要有精神。

她结婚已迈入第十个年头。婚后第三年，育有一子，先生发生重大车祸。经过抢救与多次手术，昏迷多日后苏醒。

命是捡回来了，但是有多处器官功能受损；当然，最严重的还是脑伤。

而这种器质性的脑伤，脑功能会随时间加速退化。因此而丧失工作，也就不令人意外。全家人顿时陷入愁云惨雾，单靠仅高职毕业的她二十五 K 的薪水硬撑。

她开始了"两份工作"的日子：白天会计工作下班后，晚上家庭代工、咸酥鸡摊打工……都做过，双手还留下一些已经淡化、被油锅烧烫伤痊愈后的痕迹。

　　"我一直很好奇，当年车祸事故后的保险理赔呢？难道没有办法支撑一段时间？"我问。

　　"我公公婆婆拿走了，因为保险受益人是他们。我一直到那时候才知道。"而这对积蓄颇丰的公婆自始至终，完全没有主动开口提过要拿部分保险理赔金出来给他们，帮助他们日子好过一点。

　　"我手头真的紧时，会回娘家跟爸妈拿些救命钱应急。我爸爸知道保险的事后，只无奈地安慰我说，'也许公婆是在为了你们以后做打算！哪一天你们真的生活困顿，过不去了，才拿出来用。'"

　　她苦笑了两声。

　　"一天兼两份工作，累到手严重烫伤，还不够困顿、不够辛苦？"我的声音忍不住高亢了起来。

　　她低头，没有答话。

　　我递上了面纸。

儿子是自己的，媳妇是外人

"其实不仅是如此。这几年，丈夫的情绪变得越来越暴躁，常常暴怒起来会摔东西、大吼。有一次嫌孩子吵闹，竟然朝着孩子丢东西。行为越来越幼稚，医师说这是正常的，而且状况会越来越糟。"

"原先该是两个大人照顾两个小孩，游刃有余，现在感觉像是你一个人要照顾三个小孩，而且其中有个小孩的力气、攻击本质，其实是孔武有力的成年男性。"我脑海里极有画面。

"老师，您比喻得真精准！就是那种感觉。"

她喝一口水，缓一缓情绪后，接着说，"前几天，他在车上突然情绪暴走，伸手过来抢我的方向盘，一边大吼着'干脆全家一起死一死算了'。车子在路上偏离车道，差点撞到对向来车。"

她余悸犹存，身体仿佛还在颤抖。

"当时孩子也在车上？"

我震惊到几乎说不出话来，不可置信地问。

她点点头。

"后来，我考虑到我晚上还要兼差，根本无法看着他们，但若不兼差，家里的钱铁定不够用。为了两个孩子的安全考虑，我硬着头皮，向公婆提出希望他们将儿子暂时接回去的'请求'。结果，他们回了我一句：'结婚后，他就是你的老公，你的责任。'"

"请求"这两个字，此刻听起来是如此卑微，却重重地落在我的心坎里。

"奇怪，儿子不是他们的吗？孙子不也是？"我的心中，满是慨叹。

那一刻，我心里有新的体悟：我一直以为，这两老只是单纯的爱儿子胜过儿媳妇，最后却发现，其实他们最爱的不是儿子，而是他们自己。

更有甚者，婆婆开始小动作不断。

一方面在外散播媳妇不履行同居义务，且在外勾搭其他男人的不实讯息；另一方面，偷偷扣住儿子的身份证件，仅留健保卡在媳妇身边，又把所有保单的"投保人"，全从儿子改成他们二老。

无助至极的她，只剩唯一可能的后援：娘家。

但得到的安慰，远不及爸爸一句"你婆婆说得也没错啊！结完婚后，儿子的确不是他们的责任了！"所带来的打击。

让娘家成为名副其实的避风港

在我们讨论过后，她为求自保，开始录音。录到婆婆指着她的鼻子辱骂的内容，极尽低俗与不堪，还辱及她的父母。

她回到娘家，播给爸妈听。两老气炸了，没听完就已按捺不住，差点直奔对方家理论，但被兄妹俩给拦下。

他们录音的主要目的是取得父母亲的理解与支持，让娘家成为她名副其实的避风港、有力的后盾，并没想要故意害人或其他用途。

另一方面，在医师协助下，将先生注记为卫生局列管个案。在某次的情绪失控、启动强制送医机制后，吓得公婆两老赶紧跳出来把他们的儿子接回老家同住；而她，过着假性单亲的日子，甘愿忍受公婆的冷言冷语，仍坚持固定于周末带孩子回乡下看看先生，也让先生看看两个孩子。

"这样的生活，我已经很满意了！不敢再有所奢求。"

泪水在她眼眶里打转。

我们走出餐厅时，天空上层叠的乌云间，阳光终于探出头来露脸。

心理师暖心分析

对她来说，面对公婆的自私，固然让她感到心酸与不平，但真正令她感到难过与无助的，是原生家庭父母的态度。

从小，她就意识到父母的重男轻女，等到更大些，她发现重男轻女的现象，不只在他们小孩身上，连父母之间的互动也是如此。

母亲就像那种典型的传统媳妇：吃苦耐劳、牺牲奉献，以夫为天，以子为地。"嫁鸡随鸡，嫁狗随狗"这句话，俨然就是母亲的婚姻圭臬。

让她这个女儿感受最深刻的，是在她出嫁之后，遭逢婚姻中的种种委屈，想回家讨个安抚与支持，却总换来"你要多忍耐"的回应。

这令她很受伤，并在心里不断呐喊着："为什么嫁人后，台面上风光多了一个家，实际上却连原本的家都失去了？"

这就是传统父权文化下，当"女儿"转换成"媳妇"角色后，常见的失落与伤痛，加上父权文化里"劝和不劝离"的潜规则，更让好多女性在面对婚姻困境时，不知何去何从，无所依靠。

疗心练习与叮咛

文化，就像加在我们身上的隐形枷锁，内化成我们的思维。例如：在很多家庭里，"婆婆"与"妈妈"的角色也曾是文化受害者。

初为人媳，被压迫时需要合理化自己的处境，以降低焦虑，所以容易不自觉扭曲自己的认同，内化成"我会被这样对待，是因为这才是对的、好的媳妇形象，大家都是这样过来的，以后我也要这样要求我的媳妇"，等到有一天媳妇终于熬成婆，真的上演"女人何苦为难女人"的剧目，但这剧目背后的导演与编剧，其实不是女性，而是父权文化。

因此，疗心练习的第一步，就是洞察"藏身于我们身后的文化"。

面对公婆的压迫、父母的不理解，看见其后所背负的文化压迫，会帮助自己多一分释然。

父权文化经验 （事件）	让我觉得不舒服 / 难过的原因	如果是我， 做法有什么不同

　　疗心练习的第二步，是"书写自己的父权文化经验"（如上表），包含在原生家庭与婚姻中的感受。

　　书写时，特别着重在让自己感觉不舒服的经验，例如前述"原生家庭里重男轻女的现象，让我觉得不舒服的原因是什么？""回到娘家却寻求不到支持时，让我感到失落的因素是什么？"……

　　疗心练习的第三步，则是针对第二步所书写的经验，延伸书写"有别于他们，我的做法会有什么不同？"

　　疗心练习的第四步，是建立"支持系统"。对抗文化，从来就不是件容易的事，我们都需要有人愿意理解、倾听、讨论，绝非孤零零地一个人走在这条路上。

　　它可以是生活中的重要他人，或是寻求专业的心理咨询或团体成长课程、工作坊。

　　寻求心理专业协助时，留意心理专业人员是否具备"多元文化咨询"背景与敏感度，以避免在课程或咨询关系中二度受伤。

第
三
章

长大后的我们，
其实有能力
把自己爱回来

既渴望父母关心，
又担心他们太忧虑

—— 报喜不报忧的孩子

教育实习那一年，我遇到了一位很优秀的指导老师。从这位资深教育前辈的身上，我学到了很多，也在心里树立了一个很正向的教育工作者典范。

亦师亦友的我们，即使是十余年后的今日，他已从教育岗位退休多年，仍持续保持联系，从生活、家庭、工作、辅导咨询、教育，无所不谈，完全无视时代与生命阶段的差异。

特别是在实习那一年的紧密互动里，有一段师徒间的对话，对我影响至为深远。

那是在实习快结束前，孩子们都放学回家后的傍晚，我们师徒俩和另一位熟稔的老师一起聊着生命，谈着死亡，分享各自的失落经验。

我淡淡地带过实习之初姐姐过世一事，但并未着墨太多。

谈话结束后，他挨近我身旁，拍拍我肩膀："这么重大的事件，近一年来，你却连提都没提起，丝毫没有异样。"
他停顿了一下，接着似笑非笑地说，"我们有这么不熟吗？"

我一时语塞，不知该怎么回答他，只能回以尴尬的傻笑。

"以后别老是'报喜不报忧'喔！否则你周边关心你的
人，会更担心的。"

他再度轻拍了我的肩膀，并留下这句话。

我脑海里，一直反复播放"报喜不报忧"这几个字，并
且问自己：这惯性，是怎么来的？

没有变坏的本钱

从小，因为意识到家中经济困顿，我知道自己没有变坏
的本钱，总是在大姐的带领下默默地做好分内工作，不想让
镇日为经济劳碌奔波，早出晚归的父母还得担心我。

初中毕业以后，我随即负笈外地求学，并开启了艰辛的
学习历程。面对繁重课业与军事化管理的宿舍生活，我严重
适应不良，饮食与睡眠都出现明显的障碍，一天到晚想的都
是"有没有可能休学？重考？或转学？"但只要一想到父母

担忧、失望的脸庞，数度拿起话筒的手，又再度把话筒挂上。

在高手如云、升学导向的明星高中里，即使对于初、高中可能会有的成绩落差，我早已有心理准备，但无情的打击来得比我想象中的还巨大许多，我的成绩濒临崩坏。

然而，当真正看到成绩单的那一刻，我最挂心的竟然是"害怕爸妈担心离家在外的我'怎么了'"，所以请妹妹抢在爸妈之前帮我拦截成绩单。

就这样，妹妹帮我拦截了三年的成绩单。

期中考成绩单可以拦截，但大学联考前夕，看着持续在谷底徘徊，连公立大学都录取不了的模拟考成绩，我心中很是忧虑，心想终究要"东窗事发"。

但也许是上天垂怜，考运好，也或许是最后的考前冲刺发挥了效果，后来竟然幸运考上他们为我设定好的目标：师范院校。

一连串阴错阳差的巧合后，他们只看到美好的考试成果，于是我在他们的心里，依旧是那位从小就无须他们操心的儿子，而且形象更加深植他心中。无论课业上或生活上，都是。

这不正是我期待看到的结果？但我心中涌现的，却是一股淡淡的孤单与忧愁。

独立与坚强的真相

上了大学以后，我的整体状态持续低迷。

好几次，我的情绪低落到了极点，在周间从学校无预警地返回乡下老家，他们轻轻的一句："怎么突然跑回来了？"我却仍因为怕他们担心而不敢说实情，总淡淡地回应"回来拿东西"。

在投入心理专业工作，进行很多探索之后，我发现自己对"家"的依恋，非但一直都在，而且还很深。但是，即使在那样的时刻，我却连"我想家"这三个字，都无法对他们说出口，并且忍不住一直告诉自己：我不能这样！我得赶快让自己好起来，以免他们发现后会担心。

以及，当我因为心理师实习而需要留职停薪，过着没有收入的日子，我也选择不让他们知道。

在那一段不算短的时间里，我维持每月拿生活费回家的习惯，分毫未减，始终如一，无非是担心他们觉察到丝毫异样，并在得知实情之后，会过度忧虑到宁愿他们自己生活困顿，也不肯跟我拿生活费。

那是一种摆荡在"希望他们参与我的生活"却又"担心他们知道得太多，太真实以至于太忧虑"的矛盾情绪。

只是，我也深刻体悟：我不喜欢"报喜不报忧"的自己，并且为此感到不舒适；虽然我大可选择将一切归咎于"惯于过度操烦与忧虑的父母"，但我更想看见"松动既有模式"的可能与选择权，而非仅仅停留在"抱怨"。

他们的"爱与善意"不该受到抱怨；因为，真正需要改变的，是爱与善意的"表达方式"，以及那份我所需要的"信任"。

心理师暖心分析

一个凡事未雨绸缪、担忧较多的父母，出发点大多是"爱孩子，不愿孩子受到伤害"，因此总在嗅到可能的风险时，不自觉显露出自己的忧虑与担心，并希望孩子在感受到他们的担忧后，能改变心意，选择较安全的路径，却极少明说。

而一个习惯"报喜不报忧"的孩子，最初的起心动念，的确常是因为感受到父母的担忧，只是他们响应父母的方式，并非如父母期待的"改变心意"，采取不同的做法，而是索性就不告知，以免父母过度杞人忧天，反倒碍事。

"我只要能为自己的行为负起责任就好，不一定要让他们知道。"是这一类孩子最常出现的信念。

于是，慢慢地，孩子越来越少分享自己的生活，尤其是那些他们判断"可能会令父母操心的事"，更倾向绝口不提。透过这历程，孩子虽然间接照顾了父母的"心理需求"，却在无形中把父母排拒在自己的生活之外。

"怎么发生这么大的事，我们竟然是最后一个知道的？"我常在咨询室里看见父母一边流着泪，一边自责懊悔。

而我，也忍不住在心中喟叹：当"爱孩子、保护孩子的父母"遇上"体贴父母、不忍让父母操心的孩子"，无不期待对方能够感受到爱，在心理上更靠近彼此，而非如此疏离。这当中的落差，究竟该如何弥平?

疗心练习与叮咛

◆ **给父母的提醒：在情绪上立"界限"，而非在生活经验上"设限"**

当孩子愿意分享生活经验时，父母仍可以真实表达自己的关心，甚至担心，但同时也明确告诉自己，告诉孩子："虽然我会担心，但我的担心无须你来照顾! 你不用为了怕我担心而不去做，只要确实为自己的行为负起责任即可。"

这是一种情绪界限的示范，也可以避免在心理上把孩子越推越远，或是间接剥夺了孩子冒险的权利。

◆ **给孩子的疗心练习**

1. 依可能引起父母的"焦虑程度"为生活事件分级，并从焦虑程度较低的事件开始分享，再慢慢升温，帮助父母逐步增加对焦虑、担忧等情绪的耐受力。

2.明确表达自己的需求，帮助父母对焦：与他们分享的目的是希望得到什么（例如："情绪支持""听取意见"或"问题解决"），以避免互动过程中失焦。

3.对于可能引起父母高度焦虑的生活事件，除了透过循序渐进的方式，帮助他们提升心理准备度外，分享时，可多着墨在自己"如何降低可能的风险""已准备的配套策略"等，也让他们逐渐适应我们的独立。

无论我怎么努力，
妈妈就是不看我一眼

—— 追求卓越的孩子

这已经不知道是他们第几次为了孩子上床睡觉时间大吵了。

差别只在场景换到咨询室里，在我面前吵。

"我就搞不懂，为什么非得给孩子塞那么多学习活动，还坚持一定要按表操课完成每一项，才能上床睡觉？硬是常常搞到十一二点，孩子才有办法入睡！睡眠不足，根本吸收不了，学再多有什么用？"看得出来，他真的动怒了。

"你难道不知道：别人家同年龄的孩子从小学了多少才艺、语言。我只是不希望女儿输在起跑点上，我错了吗？"太太也不甘示弱地回击。

两个人不约而同望向我，那种眼神像是："老师，你倒是评评理，究竟谁说得对？"

只是，此刻我心里想着的，并非"对""错"的问题。

这对夫妻，一个是对孩子的睡眠时间很重视，另一个则坚持孩子的学习不能落人后。

"两个人各自信奉的理念，是从哪儿来的？何以如此根深柢固？"我心里不禁纳闷。

薛西弗斯的巨石

后来我才知道，原来夫妻俩的冲突，从结完婚后不久即开始。在交往阶段，男孩就发现女孩似乎难以停下"追求卓越"的脚步：不断地规划进修，不断地想换更好的工作。

当时的他，很天真地以为：他爱的这个女孩，很好学、很进取。每当周遭的朋友问他："你的女朋友这么上进、学历比你高，你会不会觉得面子挂不住，压力很大？"

他总是打从心里微笑响应："不会。我一点都不在意。"

只是，婚后他才发现，她的脚步不只没慢下来，反倒有越走越快的倾向。即使已顶着台、美双硕士学位的光环，仍然在孩子出生之后，积极考取博士班，成为博士候选人。

全家人，被迫绕着她追求的世界转。

　　然而，真正令他受不了的，是在孩子的教养观念上。从孩子上幼儿园开始，母亲每天为孩子排满学习活动，影响到孩子睡眠时间，这让自幼熬夜苦读的父亲很心疼，也颇不能接受。

　　"我说不上来那种感觉，仿佛想把我们的女儿教成另外一个她……"他的语气里满是无奈，因为他们的女儿，不过才五岁。

　　而我，脑海里突然浮现一幅图像：这个五岁小女孩的纯真世界，俨然成为父母亲"原生家庭经验"冲突的战场。

　　父亲对睡眠充足的坚持，缘由我已了然于胸；但对于这位母亲，我仍存有许多好奇。

"不断寻求认同"的创痛

　　这一天，因为孩子生病，夫妻俩找不到人可以暂时托育孩子，所以丈夫留在家里照顾女儿，只有太太单独来找我谈。

　　"这些年来，很辛苦吧？"我问。

　　"嗯！"她停顿了一下，"不过我还挺得住。"

"我相信！因为你都挺了二三十年了，不差这几年。"

她的脸上闪过些许诧异神色，紧接着面部刚强坚毅的线条，大概是因为心被靠近，所以和缓了下来。

"在许多人眼里，你已经极度优秀，但你似乎从未以此自满，脚步不曾停歇，我很好奇：你的爸妈，如何看待这件事？"

对于我的问题，她依然感到讶异。

因为我问的，竟不是伴侣的看法，而是父母的看法。

"我有两个哥哥，成就都比我高，妈妈根本不会注意到我。"她娓娓道来，带点黯然。

原来，两位哥哥从小都是一流学府毕业，目前都在外商公司坐拥高薪，而且时常成为猎头公司锁定的对象。相较于求学历程曲折辛苦、大学联考又失常的她，两个哥哥的光环吸引了家族众人的目光，让妈妈很有面子，时常拿来说嘴。

"我的生命里，原本有个很疼我的爸爸，他总跟我说：'没关系，哥哥是哥哥、你是你，我爱你，是因为你是我女儿，不是因为你的表现。'"

谈起爸爸，她的脸上微漾着幸福，只是那份幸福感并没有持续太久，"但是，念高中时，爸爸在工作中意外过世，我的世界几乎崩解。"

后来，她意志消沉了好一段时间，大学联考严重失常，长久以来好不容易建立的自信，也不见了。加上母亲自己陷溺在丧偶的伤痛里，无法顾及她，使她同时失去双亲的爱与关注。

"长大以后，我花了好多时间，耗了许多心力，寻求妈妈的认同，但却发现无论我怎么努力，成就再怎么高，妈妈从不看我一眼……"她的眼里泛着泪光。

但坚强如她，硬是把眼泪给看紧了。

"如果爸爸还在，而且看到现在的你，你觉得他会想跟你这个宝贝女儿说什么？"

我问完后，她沉默了半晌，开始放声大哭，无法言语。

一个真正爱我们的人，是爱我们本然的样貌？还是他们期待中的样子？

"我爱你，是因为你是我女儿，不是因为你的表现。"父亲对她说过的这句话，不断回荡在我心中。

心理师暖心分析

在希腊神话里，薛西弗斯因为触怒天神，所以被处以刑罚：要把一块巨石推上山顶。但巨石本身的重量，让它每到山上，就会再度滚下山去。周而复始，日复一日。众神认为，没有什么惩罚，比每天做着徒劳无功与毫无希望的工作来得更令人害怕。

然而，这不只是神话，更是许多人的生命脚本：不断追逐成就与卓越，却看不到止歇的一天。

我们时常不自觉为得到某个重要他人（例如父母、师长）的认同，而竭尽所能地努力，就只为得到对方青睐、关注与肯定。

就自我认同的发展阶段来说，在我们孩提时期，对自己的认识与价值，的确是透过我们与身旁重要他人的互动，以及他们的响应来建构，以慢慢探索，并回答"我是谁？""身边这些人与我的关系是什么？""我正在做的事情算好还是不好？"这些问题，并勾勒出内在的自己。

一般而言，随着我们逐渐长大，对自己的自我意象越来越稳固，慢慢地不需要透过他人的认同来决定自己的价值以及"我是谁"。但若幼时主要照顾者（通常是父母）在心理与情绪上并非是个够成熟、够稳定的成人，或是吝于给予孩子肯定，那么，许多孩子会形成混淆的认同或是爱的匮乏。

于是在咨询室里，我便看见许多受苦的灵魂不断努力追求成就，希望用成就换取父母亲的肯定与认同，填补爱的空缺；却像薛西弗斯推动巨石一般，陷溺于反复循环之中，徒劳无功且永不停歇。

"爱的匮乏"要用爱来填补，而非用"成就"，因为那永远没有填满的一天。

更令人心疼的是，有些人就像本篇故事中的母亲，未经觉察与疗愈，在自己成为父母以后，将生命脚本复制，贴在孩子身上，也将"匮乏与不足"的焦虑，投射在孩子的生命里。

仿佛深怕自己会因为孩子不够好而不爱孩子，就像她当年从母亲身上感受到的一样。

疗心练习与叮咛

◆ "见证书写" 的疗心练习

要停止复制"以成就填补爱的匮乏"之生命脚本,可以透过"见证书写"的练习,帮助觉察自己的状态,看见自己的努力,并进一步踩刹车。

◆ 练习步骤

一、找出在你生命中最常给你肯定、鼓励,或是最能看见你优点的人,并在纸上写下这个人的:

1.名字或代称;

2.他与你的关系;

3.为何他对你如此重要。

二、如果他有机会见证你的成长与努力,你最想与他分享哪三件事?

三、假使这个人看见现在的你，他会对你说什么？怎么看待你的努力？希望你过着什么样的生活？

◆ 疗心练习范例

一、在我生命里，最能给我肯定以及鼓励的，是我早逝的大姐。自小父母忙碌于工作，很少有机会跟我们互动以及表达对我们的爱；但姐代母职，很尽责地照顾一家子大小，甚至因此延宕了自己的婚姻。

二、如果有机会与她分享，我想与她分享三件事：

1. 我很努力地在照顾爸妈，并且把他们照顾得很好，请你不用挂心。

2. 无论是求学或是求职，我都很努力地不让爸妈失望。

……

三、姐姐应该会想对我说："辛苦了！谢谢你的付出与努力，你已经做得够棒、够好了，从今以后，我更希望你多为自己而活，为自己着想。因为，我不只关心爸妈，也衷心期盼你过得快乐。"

那么年轻就步入婚姻，
只因想逃离家人

—— 认为"我不重要"的女儿

"老师，新年快乐。不知道您何时有空？"大年初二的夜里，我收到这则手机简讯。

几天后，我在机构里跟她碰了面。

载满母女记忆的老房子

农历年前的最后一次谈话里，一提到"大年初二回娘家"这事，她就隐约透露些许不安与抗拒。

"大年初二这一天，好像给你不小压力。怎么了？"我问。

按常理，"大年初二"是许多出嫁女儿一年之中最期待的日子，充满着重新回到原生家庭，享受那种被父母捧在手心上疼惜的幸福感。

"一年之中，有三百六十四天为人媳、为人母，就这么一天可以当个骄纵的女儿，任性、撒娇、耍赖，当然特别期待！"我周遭的女性友人大多是这样说的。也因此，她的焦虑更令我感到不寻常与好奇。

"自从我哥几年前擅自把我们从小到大住的房子卖掉后，这个家于我而言即不再熟悉。每年大年初二前几天，我都感觉自己的脾气明显变得暴躁易怒、极度没耐性，常是我先生注意到我的情绪有异状，努力安抚我。"她一边摇头，一边苦笑。

我仿佛嗅到了些什么。

"我猜想：一栋熟悉的房子，对你而言不只是一个生活空间，更是许多珍贵记忆的所在。我很好奇：在这栋房子里，让你最舍不得的记忆，是哪个片段？"

面对我的提问，她依旧低着头，但已是泪眼婆娑。任由晶莹的泪珠，成串地滑落脸颊。

"他怎么可以……卖掉我仅存的、与妈妈共有的回忆？他怎么可以这么做……怎么可以……"

看着哽咽到几乎泣不成声的她，我眼前也跟着一片模糊。

没有娘的"娘家"

对她来说，从妈妈去世的那一天起，这个家就仅剩回忆。

因为这个"娘家"，早已没有娘。只是没想到，现在连回忆都没了！

"我一直都很羡慕很早就出嫁的姐姐，嫁作人妇的头几年，遇到不会煮的菜，都可以直接打电话回家问我妈。现在的我，只能自己上网找食谱，看影片学做菜……"

她试图拭去脸上的泪痕，但眼泪却始终止不住。

"妈妈过世后好多年，有一天姐姐突然跟我说：'你知道我为何这么早嫁人吗？因为这是可以光明正大逃离家里的最快快捷方式。'"

她停顿会儿，继续说，"老师，你知道吗？那一刻，我好想跟姐姐说：'我也是……'"

他们有在乎过我吗？

看不惯父亲常不分青红皂白，一味维护身为独子的哥哥，让姐妹俩直想远离家园。

姐姐当年出嫁时，母亲仍健在，令姐姐不免有点挂心；等到她自己大学毕业，母亲已经撒手人寰，她怀抱着巨大伤痛与失落，头也不回地离家。

她的婚礼，用最简约的公证与登记，除了邀请姐姐与姐夫之外，没有其他家人。父亲知道后，差点气到登报作废父女关系。

"他有什么资格生气？我只要想起哥哥结婚前，父子俩未经我同意，直接把我的房间拿去当新人房，我直到婚礼前一天回到家，才知道自己的房间不见了。再加上哥哥卖祖厝这件事，爸爸从头到尾默许，瞒着我们。说到底，他们有在乎过我吗？"

此刻，她脸上的泪水，我已经分不清楚是出于悲愤，还是难过。她自己清楚吗？

在她心里，"我不重要"的伤痛，除了姐姐，又有谁会懂？父亲、哥哥会愿意懂吗？

望着她离去的背影，我脑海里突然想起老一辈人朗朗上口的一句闽南语俗谚："老母倒，后头（娘家之意）远；老父倒，后头断。"

意思是：对闽南家庭里出嫁的女儿来说，母亲的过世，往往会让自己与娘家变得疏远；如果连父亲都过世了，女儿与娘家的联结通常也跟着断了！

然而，决定女儿与娘家关系是否疏远与断裂的关键，岂止是父母亲？当长辈终随岁月凋零，或许，娘家大门敞开与否，端看坐守基业的手足胸襟有多开阔。

心理师暖心分析

即使法律上早已明确保障女儿与儿子享有同等的继承权，但在许多地方，仍不断上演"传子不传女"的戏码，甚至有些男性手足视姐妹为假想敌，担心姐妹回来争产，无所不用其极地设防、阻隔，或拉拢其他家人同盟，导致家人关系决裂反目。

"不是血浓于水的手足吗？不是口口声声说手心、手背

都是肉吗？为什么到头来全然不是这么一回事！"这是许多
女儿在面对父母待儿、待女态度不一的慨叹与伤痛，甚至为
此远离家园。

就像父亲、兄长，独断地决定老家房子的使用方式，表
面上似乎只是"空间的处置"，勾起的却是二十年来在家里
不被重视与尊重的记忆！同时，也将女儿与原生家庭仅存的
薄弱联结摧毁殆尽。因此也就不难理解：为什么女儿结婚
时，不愿邀请父亲、兄长出席婚礼。

因为，"自组家庭"是她少数可以完全自主的"场域"，
当然使尽全力捍卫，不愿受到侵扰。

她更心疼母亲一辈子付出，却从不为自己着想，导致积
劳成疾病逝，还很快地被父兄遗忘，让她为母亲感到不值与
气愤。为了不想踏上母亲的后尘，除了积极在亲密关系中寻
求一直以来所匮乏的"爱与隶属"，也很努力地打造一个性
别平权的自组家庭。

	经验／事件	我的困惑与内言	核心感受	未来，我会怎么做？
范例	爸爸与哥哥未经与我讨论，直接把我的房间挪作"新人房"	这也是我的家、我的房间，为什么可以不用经过我同意？难道只因为我是女儿？	不被尊重。不受重视。愤怒不平。	在乎并尊重每一个家庭成员的感受，更要努力避免因为性别而有所差异，导致让任何人错以为自己不重要。
练习一				
练习二				

疗心练习与叮咛

第一，面对"文化"与"过往的原生家庭成长经验"，虽然难以撼动，但可以从自己以及自组家庭里，开始着手改写"家庭／生命脚本"。例如：把自己在原生家庭中感受到"重男轻女"的经验标示出来，并且重新改写后，套用在自组家庭里，让那些使我们受伤的文化遗毒不会一代代传递下去，继续伤害我们所爱的伴侣或孩子。

第二，反思："如果原生家庭让自己如此受伤，那么为何还如此依恋？"检视令自己依恋的元素背后象征的意义是什么。

例如：上述故事中，老房子不只是一栋房子，一个空间，更象征"与母亲之间共有的回忆"，而真正令她不舍的，其实是这些回忆。

接着，透过"仪式化"的过程，移转这些依恋的元素，使之独立于原生家庭纠结的情绪之外，让正向情感更加纯粹。

	依恋的事物	事物背后象征的意义	核心感受	仪式化与转移
范例	被卖掉的祖厝、老房子。	与过世的母亲共有的回忆。	对妈妈的爱与思念。	设定一个"曾与母亲一起去过且感觉很好的地方"，当思念母亲时可以造访。
练习一				
练习二				

因为我不乖，才会遇到这种事

—— 二度受伤的孩子

"无子嗣"的压力

她与丈夫结婚三年，始终无子嗣，令婆婆颇不能谅解。丈夫在身旁时，还可以为她抵挡些压力，后来婆婆也学聪明了，专挑儿子不在的时候对媳妇冷嘲热讽；而她，总把委屈与泪水往肚里吞。

事实是：三年来，夫妻俩发生性行为的次数，光一只手就数得完。打从交往阶段开始，这男人就很尊重她，认为她只是单纯不好男女之道，缺乏"性"致；婚后也从不勉强她。

体贴的丈夫，甚至主动提议分房睡，以免太太对于房事感到过多的压力；然而取而代之的，却是传宗接代的压力。丈夫家三代以来皆一脉单传，长辈的目光自然紧盯着这唯一媳妇的肚皮。

不寻常的疏离

然而，其实除了房事之外，还有另一件事，也令这个丈夫感到困惑。

打从婚前，丈夫就一直见不到"准岳母"，屡次主动表达想拜访，但都被转移话题而不了了之；若非男方家长坚持基于礼俗，应有"提亲仪式"，才不会失礼，否则原本连提亲仪式都要省略。

总算在婚礼上见了面，丈夫却观察到太太与岳母间的互动似乎有些疏离，这更令他感到纳闷。

"大概因为我念高中开始就离家，独立生活惯了，所以跟他们比较没那么紧密吧！"太太总是这样响应他。

这天，夫妻俩原已与老人家说好，会回去与他们吃晚饭，并住下来一起度周末。席间，她得知小姑的男友也会留宿家中，开始显得局促，坐不太住，并低声对丈夫嚷着说要回家。

他对太太的异常举动感到不对劲，匆匆撇下微愠的父母离开。

看着太太惊恐的神情，他终于忍不住急切地问："究竟是怎么回事？"

惊魂未定的她，千头万绪不知从何说起，才一开口，就已哭到无法言语。

疏离的真相

幼时父亲早逝，独留母亲与他们兄妹。经济虽然困顿，但受到父亲家族里的伯伯与姑姑们很多照顾，生活倒也还过得去。他们兄妹俩的确很感谢这些长辈，特别是伯父，提供给他们家许多资源。妈妈常对他们说：以后长大后若有能力，要好好回报伯父。

她升上小学中年级以后，由于妈妈白天在伯父经营的工厂做女工，哥哥也开始读初中，一个礼拜当中，有两天的下午只有她在家。

起初，她发现伯父偶尔会在那些下午来找妈妈，但妈妈明明就在他的工厂工作；后来频率越来越高，她虽觉得有些奇怪，但也没多想。直到有一天，伯父像变了个人似的，将狼爪伸向她，开始了长达三四年的不堪岁月。

妈妈说着"要好好回报伯父"的话言犹在耳，加上那个男人对她说："妈妈一个人带你们两个，生活很辛苦，你也不想她操心吧？！"

她忍耐了很长一段时间，在极度痛苦下，曾试图跟妈妈说，却被妈妈大声呵斥："小孩子不要乱讲话，会害死人！"

那一刻，她终于明白：这个家无法提供给她保护。于是，带着一身伤痕累累，趁着读高中的机会，仓皇逃离这个家。

控诉：最沉痛的选择

看着眼前他所深爱的太太，他震惊到几乎说不出话来；脑海里霎时闪过这些年来的许多疑惑，那一瞬间通通都有了解答。有心疼、有不舍，但更多的是愤怒。

然而，对太太来说，最重要的是先生的"不责备"。

"我心里潜藏着很巨大的羞愧感。理智上明明知道这不是自己的错，但就是觉得自己'很脏'，我好害怕他知道这个秘密之后，就不要我了……"她说着，泪水也流着，不曾停过；而先生原先握着的手，握得更紧了。

在拥有社工专业背景的先生支持下，他们找了先生工作机构里的法律顾问，正式提出控诉。即使早有心理准备，但面对家族里排山倒海而来的责难，她还是几近崩溃。

我在咨询室里，不同案主身上数度看过那些神情，那是种"哀莫大于心死"的深刻沉痛。所以夫妻俩决定一起接受咨询。

在他们身上，我不需要太用力地找寻"疗愈力量"的来源，因为：无论何时，先生始终紧抓太太不放的那双手，已经告诉了我答案。

心理师暖心分析

历来国内外大多数研究与统计报告，都不约而同显示：性侵害的案例中，熟人性侵远比陌生人性侵的比例还高。亦即：性侵加害人与被害人认识，甚至是亲属关系的比例甚高，这称之为"乱伦"。

"乱伦"在本质上即是种性侵害，也成了许多性侵受害者难以言喻的伤痛。尤其是对幼弱的孩子来说，更是如此。而发生在家庭或家族内的性侵害，往往由于受侵害者对于加害者有感情，所以受侵害之后常见以下三种扭曲的心理反应：

第一种，误以为是因为自己不好、做错事，所以才会"被处罚"。特别是当受害者是平日乖巧的孩子，加害者又是长辈时，反倒会因为长辈带有恐吓，用以推脱责任的说辞，让孩子产生许多罪恶感与恐惧感。

第二种，担心说出之后无人相信，或是进一步被责备，被认为是不可外扬的"家丑"，并进一步要求受侵害的孩子永远噤声，成为家庭禁忌。

第三种，害怕会引起家庭内的风暴，且担忧自己无法承受整个家族的压力。例如，害怕家人间因为这事件而关系失和、冲突等，将这些负向后果的责任联结到自己身上。

上述三种心理反应，除源自于个人遭扭曲的认知与情绪经验外，也与华人文化里过度强调伦常，容易流于"罪责性侵受害者"的社会氛围有关，两者共同构成对受害者不友善的环境，并让本应该具有保护功能的父母与家庭，反倒成了伤害。

此外，在成长过程中，对于"性"可能会产生莫名的嫌恶感，不只对生活中与性有关的话题显得格外敏感，更常会阻碍亲密关系的发展。

这些，都成了难以被理解的剧痛与委屈，包括家人与伴侣亦然。

疗心练习与叮咛

◆ 认知信念自我检核

下列叙述，哪些是你曾有过的信念或想法？

1. 一定是因为我做错了什么或我不好，所以才会遇到这种事。

2. 我不值得被爱，未来也不会有人愿意好好地爱我。

3. 这种事，不能跟别人说，否则会害家人蒙羞与丢脸。

4. 我不能让家人知道，以免他们为难。

5. 为了维持家庭（或家族）和谐与完整性，我不能诉诸法律。

上述的认知与想法，皆是受侵害者常有的迷思。若仍有任何其中一种，请务必向心理专业机构或专业人员寻求协助。

◆ 寻求"替代性客体"与经历"矫正性情绪经验"

案例中的丈夫，象征的是一个稳定且具有支持力的"依附对象"，在亲密关系中可以透过提供保护、接纳，协助另一半重新经验正向而稳定的关系，重拾对人的信任。

具有疗愈性的"替代性客体"（transitional object）与"矫正性情绪经验"（corrective emotional experience），虽然在亲密关系中可遇不可求，但却可透过接受咨询或心理治疗时，在治疗关系中重新经验。

　　因此，面对父母在幼时无法提供保护功能而导致的二度创伤，最直接的疗心方式，是寻求咨询与心理治疗，并于初次会谈时，感受咨询师的性别意识，以及个人在咨询关系里是否感到舒适与安全。

我们时常忘记自己已经长大，也许二十六岁，或是三十六岁，不再只是过去那个只能默默承受、照单全收的年幼孩子，我没有能力与权力决定收下什么，不收什么。

让我们渐渐找回生命的主控权，重新拥抱不同的选择，而非像我们的父母所说：我没得选择。

完全接受父母的安排，
就是孝顺？
—— 不违抗的孩子

当她挺着六个月的身孕，偕同丈夫出现在等候区时，很难不让人注意到她。

机构助理小心翼翼地招呼她坐下，唯恐一个不小心，出了状况，实在没人承担得起。

但更吸引我目光的，其实是她那自始至终不发一语的丈夫。

夫妇同来的真相

进到咨询室一坐定，他们两个人之间刻意隔了个空位，分坐两边。

在进行家庭会谈或伴侣咨询时，我喜欢请他们先坐，我最后才坐下。

我总认为：在咨询室里，座位的选择是有意义的。包含谁与谁坐一起、两个人之间有没有空位、是否选择坐对面等，都可能成为"关系状态"的投射。就像此刻的他们。

我看了一下晤谈申请表，"想谈的议题类型"一栏里写着"婚姻关系"。

"是什么样的状况呢？"我边说边望向丈夫那边。

"你问她吧！"他迟疑了一下，接着说，"是她要我来的。"语气听起来颇多无奈。

"问我？那好，我想离婚。"她拉高分贝，又急又气，眼泪扑簌簌地直掉，逼得丈夫不得不出言安抚："就跟你说别乱生气，小心动了胎气，你怎么都不听？"

没想到这一句话不说还好，一说完后，太太更火大："你什么时候担心过我肚里的女儿？你们家眼里只有孙子，什么时候在乎过孙女？"

他们自顾自地吵了起来，我被晾在旁边好一会儿。但我也没闲着，很仔细地看着他们的对话与互动，试图厘清楚究竟发生了什么事，也的确看出了点端倪。

媳妇的价值，只在肚皮

她口中所说的"你们家"，指的是她的公公、婆婆。自嫁进他们家以后，已经为他们家生了两个女儿，肚子里是第三个。她永远忘不了公婆在知道第三胎也是女孩后的反应。

"哪欸又搁系'查某团仔'（怎么又是女孩子）？"婆婆操着一口地道的台语，如是说。

每一个字都像针一般，针针刺进她的心里。

但更令她心疼与不舍的，其实是两个女儿。她很担心女儿们听到这些话后，会不会就以为自己不被爱、不被疼了呢？

然而，更震撼的事情还在后头。

她说，当她因连生两个女儿而开始备受冷落与冷嘲热讽，有一天，不小心从邻居那边听到，原来在她嫁入他们家之前，其实他曾有过一段婚姻，但因为女方婚后两三年肚皮完全没有消息，后来伤痕累累地离开他们家。

"他们把媳妇当什么？生孩子的机器吗？而且还一定得生男的，否则什么都不是！"她恶狠狠地瞪了她丈夫一下。

"但最令我震惊与愤怒的，不是这个，也不是他的欺瞒，而是他冷漠的态度！他怎么可以容许他爸妈这么糟蹋他的太太、小孩，吭都不吭一声；而且我还不是第一个！"她再度激动得声泪俱下。

而他再度低头不语，像是默认了这一切。

我一直以为"母凭子贵"的年代已经远离，没想到却仍如此靠近。

畏缩的小男孩

"那你们现在有什么打算？"我单刀直入地问。但她显然还在气头上，气到不想回答。

他偷偷瞄了一下他太太，"她说她想离婚，但我不要。所以，她的条件就是要我一起来咨询。"

"你很在乎她，所以你就一起来了……那接下来呢？"

"接下来再看我的表现怎么样……"他的声音有些微弱。

不知怎的，这一刻，我仿佛看见一个尚未长大的小男孩，被责备后的恐惧与退缩。

差别只在于：以前责备他的，只有妈妈；现在数落他的，还有太太。以前被责备，可能是因为不听话；现在被数落，却是因为太听话。

我心中虽不免好奇："这个畏缩的小男孩，是怎么来的？"但也对这"小男孩"开始为了自己爱护的家人而试图改变，燃起些许希望。

只是，他需要更多的支持来巩固好不容易萌生的勇气，所以我决定帮助他们夫妻俩看见这一小步难得的跃进。

"在前段婚姻结束前，你有为你们的婚姻做了什么努力？"

面对我的问题，他尴尬地摇摇头后，羞愧地低下头。

"那这一次为什么会愿意跟太太一起来？"我再问。

"因为我不想再这样继续下去了……"

他的声音虽然依旧微弱，但我相信每个字都轻敲着太太的心坎。因为，隔周来谈时，他们之间已没有留空位。

心理师暖心分析

在上述案例的家庭里，潜藏着两个华人家庭常见的重要议题：第一个是父权文化下"重男轻女"的现象；第二个则是亲代与子代间的"界限"过于模糊。

"子嗣"观念仍深植在许多华人家庭里，使得家族对于"传宗接代""延续香火"存有很高的焦虑感，导致很多家庭里生育了"六朵花""七仙女"（连生六、七个女孩），才得幺子。这种状况，也成了华人家庭的特产。

因此，对很多女性来说，在过程中感受到的，就像故事中的那位太太一样：大家对"肚皮"的关注，远胜过对"人"的关怀，而一个母亲的价值，竟是奠基于"有没有生儿子"。

她不禁担忧起自己的女儿在这个家中能不能得到公平的爱与对待。但伴侣不闻不问，不挺、不支持的态度，成了"二度创伤"。

案例中的夫妻，看似带着第一个议题来到咨询室，后来发现：真正让妻子心寒与失望的，是丈夫的软弱与漠视，让她在这个家里看不见希望及未来。

然而，在这个家庭里，除了太太与女儿之外，其实还有另一个受害者。

丈夫从小在"高控制"的原生家庭中长大，父母亲对于孩子的一切，虽然总是"高关怀"，却也强势介入所有大、小决定，主导孩子的一切，包含升学、就业，甚至包括婚姻、育儿教养。

高控制的父母时常打着"孝顺"的旗帜且无限上纲，让孩子以为"无条件接受一切安排，就是服膺孝道"，却忽略了从"原生家庭"到"自组家庭"，孝顺需得有适度的界限。

"孝顺"一直是华人文化推崇的美德，鲜少人说孝顺有何不妥；很多人挑选伴侣时，也很在乎对方是否孝顺，仿佛若对方对自己的父母孝顺，就可以预测对未来的家人、长辈也会同等照顾。

问题就出在：当华人文化所推崇的"孝顺"美德，遇到同为华人家庭里常出现的"界限"问题，就容易迸出火花。

很多人自小习惯将"孝顺"与"凡事依从父母"画上等号，在做决定时，也以父母的意见为依归，以为这就是孝顺。

当自己进入婚姻，组成家庭之后，却没有觉察并随之调整与修正，忽略了自己新组成的家庭也需要被考虑、伴侣的声音需要被听见，导致失衡，引起伴侣与家人的不平。

如果因为"担心让父母不开心"，以至于连自组家庭里的各种大小决定（例如：买车、买房、小孩的就学选择、周末时间规划）都优先考虑原生家庭父母的感受，罔顾自己伴侣的意见，这样的"孝顺"是值得被挑战的。

此时，该问自己的是：我与父母之间的关系，是否太过黏腻？是否过度紧密共生？该怎么调整以免阻碍发展健康的"自组家庭"关系？

疗心练习与叮咛

◆ **"界限"觉察练习**

1. 列出最近五件"重大决定事件"的"考虑因素"各三个，并依各因素的重要性排序。（如果已有自组家庭者，请以自组家庭的重大决定事件为主。）

2. 计算一下与"原生家庭"或"父母"有关的考虑因素共出现几次。

3. 伴随这些考虑因素一起出现的情绪有哪些。

4. 写下你的发现与觉察。

◆ **"选择权"觉察练习**

1. 承上，如果将上述五个事件的"考虑因素"重新修改与排序，你会怎么修正？请写下来。

2. 比对一下调整前与调整后的顺序，试着说说它们之间有哪些差异？

3. 假设进行这些调整时，需要某种"能力"，那会是什么？要如何长出这种能力来？

她永远都是
那个等不到母爱的小女孩

—— 不被期待到来的孩子

看着晤谈申请表上的名字，我脑海里全然对应不到任何面孔。调出档案后，看到"出养"两个字，我的记忆一股脑回来。

虽然她只来过一次，而且是好多年前的事，但在我的记忆中，曾来咨询"出养"的人，一只手应该数得完。

因为，这样的当事人通常会找的，是律师，而非咨询师。一旦选择来到咨询室，依我的经验与直觉：带着问题来的同时，更期待问题背后的故事有机会被听见。

我的直觉没有错。当年，她替甫进大学未婚待产的妹妹来咨询，由于双方家长已经协议好待小娃儿出生后要"出养"，但她看见妹妹的哀恸，忍不住抱着妹妹一起掉泪。

"感受得到你跟妹妹的感情很要好，所以很心疼这个妹妹。她有你这个姐姐保护着她，其实很幸福。但也请你好好照顾自己，别累坏了！"

这是多年前结束谈话前，我隐约嗅到她不一定会再出现，所以给予她祝福。

不被欢迎的创痛

"老师，你记得当年在谈话结束前，最后对我说的话吗？"她问。

我点点头。记忆力向来不佳的我，却能在事隔那么多年后仍把对话记得如此清楚，是因为她当时欲言又止的反应，以及尴尬的笑容。

"后来，我跟妹妹大吵一架，而且两个人冷战长达好几年。"她微弱的语气，让我一度怀疑自己听错了。

"其实，我跟妹妹是同父异母的姐妹，我们两个年龄差距很大。"

她看着我，接续说，"当初讨论要不要把孩子出养，我一知道男方压根儿不想要这个孩子后，就站在'赞成出养'的那边，事后妹妹知道这件事后，对我极不谅解。"

我强忍震惊，"你这么爱护这个妹妹，却得做出如此决定，我想，势必有你不得不的理由，那是什么？"

"大家都说，父母都是爱孩子的，对于新生命的到来充满期待。但我不是！我并非在妈妈的欢迎下出生。妈妈是因为爸爸爱小孩，有延续香火的压力，才勉强怀我，生下我的。"

她泪眼看着我，"我的童年过得并不好，妈妈完全不想跟我接触。老师，你可以懂那种痛吗？"

令人慨叹的，不止于此。由于父亲忙于工作，母亲嫌小孩吵，不愿照顾她，自幼即丢回给爷爷奶奶照顾。但爷爷奶奶重男轻女，姑姑们更时常在她面前冷嘲热讽她的母亲，让她羞愧到无地自容。

看着她，我突然想起前些日子在网络上，所看到的系列文章：一名母亲自述不爱小孩，很想暂时离家，等孩子大了再回来。文章一出，除了引起网友热烈议论外，也引来社工人员与心理专业人员的关注、响应与呼吁。

看着眼前的她，生命历程与故事如出一辙，不同的是：那个等不到母爱的小女孩，已经长大，而且正在我面前，而不只是"别人的故事"。

曾经遗憾，努力阻止另一件遗憾的发生

"爸爸最终带着我离开婚姻，放手让妈妈自由。只是，从此也意志消沉，与我越来越疏远。他曾在某次喝醉时哭着告诉我：'孩子，你别怪我！因为每次看到你，都会让我想起你妈妈；因为你，我被迫选择。'"她再度哽咽。

"我受够了爹不疼、娘不爱的人生，好几度绝望到差点结束自己的生命，也完全不敢进入婚姻。我没把握自己是否还有爱人的能力，深怕未来会害了孩子。"

我静静地听，偷偷地感到鼻酸。

"所以，当你知道这孩子一出生就得面临'没有爸爸'的窘境，加上妈妈自身的状态又不够成熟稳定，唤起了你幼时种种不堪回忆，不自觉替孩子担忧了起来。"

她点点头，"我不希望看到这个孩子跟我一样。她值得更多的爱，更好的父母。"

"那孩子值得更多的爱，更好的父母，那你自己呢？你

愿意当你内心深处那个受伤小女孩的'好父母'，好好地爱她吗？"我说。

她抽搐着身体，哭到不能自已，猛点头。

我们，都没法选择我们的父母；可以做的，是重新找回爱的能力，好好地当自己内在小孩的父母，然后爱回自己。

心理师暖心分析

身体上的暴力，容易受到关注。但有一种痛，不会留下任何身体上的伤疤，没有明显可见的伤口，难以被看见与觉察。

它叫"拒绝""冷漠"与"忽略"。

有些孩子，在不被父母期待的状态下来到这世上。父母也许是过于年轻，也许是还没准备好，又或者是如同故事中女孩的父母一样，对于是否要孕育新生命难以达成共识，有一方感到勉强。

而这些来自父母对自己或伴侣的负向情绪，在孩子降临家庭以后，也顺势移转成对孩子的情绪。例如：前述故事中，母亲的勉强，转化成对孩子的冷漠与抗拒接触，而父亲因此感到为难与自责。

但无辜的孩子，所感受到的是自己"不受欢迎""没有价值"，甚至打从心底认为：我的到来，造成爸妈这么大的冲突，这么多的矛盾与不愉快，这一切都是我的错，所以我不值得被爱，而爸妈也不爱我，是应该的！于是，被迫成熟懂事，体谅父母难处，也完全不敢讨爱。

也许，从来没有人告诉孩子：这不是你的错！因为你没得选择自己是否来到这世上，无法决定要落在哪户人家。

而父母，或许不是不爱你，而是纵使千夫所指，或是任我们表达对爱的企盼与渴望，甚至直接讨爱，他们也没能力给出爱。

疗心练习与叮咛

◆ 疗心练习：给内在小孩的信

这些对爱索求不得，又找不到心理依归的伤痛，除非能够找到一个稳定的依附对象，足以替代原生家庭的父母，否则那颗漂泊、渴求爱的心，总是难以靠岸。

只是，当我们再次将爱的归属托付他人，不免怀着"我会不会再次受伤？"的担忧与恐惧而迟疑了疗愈的脚步。

事实上，我在很多周边朋友与求助者身上，看见"成为自己的正向替代成人、父母"的力量与可能，并且有能力把自己爱回来，而非只能仰望他人给予爱。只是我们常常不知道该如何做，才能爱回自己。

如果你愿意，邀请你写一封信，给自己的内在小孩，一起练习"爱回自己"。

给内在小孩的信：

1.设定内在小孩的年龄。以对孩子说话的口吻，表达你对他幼时生命历程的理解。

2. 对他诉说"三个让你觉得印象深刻的时刻",也许是开心的,也许是难过或受伤的,都可以。

3. 与他分享:现在的你,在上述这三个时刻,你想要用什么方式陪伴他。

4. 表达对他的疼惜,以及对他的鼓励与祝福。

◆ "给内在小孩的信"示例

亲爱的孩子(或代换成你的昵称、小名):

恭喜你,已经八岁了。我看见你一路以来,花了好多力气让自己可以把日子过好,总是希望自己不用依赖其他人,你的成熟、懂事、善解人意,让大人很放心,却也让你更辛苦。

我印象最深刻的,是有一次,爸爸周末没有去爷爷奶奶家带你回去,你在心里不断地告诉自己:"我想,爸爸这个礼拜的周末,应该是很忙吧!或是妈妈身体不舒服,爸爸怕我吵到妈妈,所以没来带我回去。"

但那时候的你，心里其实好害怕，怕爸爸永远不来接你了。

亲爱的孩子，你知道吗？在爸爸失约没能来接你的那一天，我好想把你紧紧拥入怀，与你聊聊你的害怕，然后陪你好好地大哭一场。

我想告诉你"那不是你的错"，那是父母的不成熟，与你无关。

还有另一次（以下略），以及第三次（以下略）。

亲爱的孩子，辛苦了！（抱）谢谢你这些年来的坚持，没有放弃自己，现在的我，才得以有机会回过头去把这一切给看清楚，并开始有力量回头去爱你、陪伴你。

最后，我想让你知道：

你不孤单，因为有我在，不会离开。

孩子的成就成了父母的炫耀

—— 感到羞耻的孩子

初见面时，他忍不住叹息，苦笑地说："刚刚一直到你们门外，我都还在想，我是不是太大惊小怪了，因为好像也不是什么重要的事。真的要进去吗？"

看着欲言又止的他，我给了一个微笑。

"我可以理解，而且你绝不孤单！因为对许多来寻求咨询的人来说，那道门仿佛有千斤重。"

大学时期，我曾经因为长时间的情绪低落与睡眠障碍，挂完号，去到精神科候诊区时，有好几次想逃，所以很能明白案主在门外徘徊犹豫的心情。

"但如果不找人聊一聊，我真的不知道该怎么继续跟我爸妈相处。再这样下去，我猜我会越来越不想跟他们出门。"

年近三十，在知名跨国药厂工作，拥有令人称羡的年收入，他其实对父母很孝顺；但也因为孝顺，所以更感矛盾与冲突。